D1930508

FOOD, FRIENDS & LOVE

Enikö Gruber

FOOD, FRIENDS & LOVE

Entspannt kochen und mit Freunden genießen

Jan Thorbecke Verlag

VERLAGSGRUPPE PATMOS

PATMOS
ESCHBACH
GRÜNEWALD
THORBECKE
SCHWABEN
VER SACRUM

Die Verlagsgruppe
mit Sinn für das Leben

MIX
Paper from
responsible sources
FSC® C084698

Für die Verlagsgruppe Patmos ist Nachhaltigkeit ein wichtiger Maßstab ihres Handelns.
Wir achten daher auf den Einsatz umweltschonender Ressourcen und Materialien.

Alle Rechte vorbehalten
© 2019 Jan Thorbecke Verlag, Verlagsgruppe Patmos
in der Schwabenverlag AG, Ostfildern
www.thorbecke.de

Gestaltung: Finken & Bumiller, Stuttgart
Druck: PNB Print Ltd, Silakrogs
Hergestellt in Lettland
ISBN 978-3-7995-1412-5

Fotos: © Jessica Nitsche: Seite 2, 6, 9, 10, 12, 16, 17, 18, 20, 22, 23, 24, 26, 36/37, 38, 53, 69, 109, 146, 164, 184, 196 sowie Vor- und Nachsatz. Alle übrigen Fotos: © Enikö Gruber.

INHALT

HERZLICH WILLKOMMEN!

Kochen ist für mich nicht nur ein Lebensgefühl oder eine Leidenschaft – Kochen ist für mich Liebe und meine Art, den Menschen um mich herum zu zeigen, dass sie mir wichtig sind. Statt teurer Geschenke überrasche ich Freunde und Familie viel lieber mit ihrem Lieblingsgericht oder einer Tüte selbstgebackener Kekse oder lade sie am besten gleich zu mir nach Hause ein, um in gemütlicher Runde gemeinsam einen großen Teller Pasta mit ganz viel Parmesan und eine Flasche Rotwein zu vernichten. Denn ganz ehrlich: Was gibt es Besseres als mit guten Freunden eine schöne Zeit zu verbringen?
Diese gemütlichen Abende mit Kerzenlicht, Nougat-Panna-cotta, guten Gesprächen und ganz viel Gelächter, von denen man sich wünscht, sie würden nie zu Ende gehen, machen wir doch eigentlich viel zu selten! Genau aus diesem Gefühl heraus ist dieses Buch entstanden!
Viele Leute scheuen sich, Freunde zum Essen einzuladen, weil sie ihre Wohnung für zu klein oder nicht stylish genug halten oder weil sie meinen, nicht so gut kochen zu können. Falls auch ihr zu diesen Leuten gehört, hoffe ich von Herzen, euch mit meinem Buch und den darin enthaltenen Rezepten vom Gegenteil zu überzeugen. Man muss weder ein Sternekoch noch ein besonders routinierter Gastgeber sein, um seinen Lieben ein leckeres Essen auf den Tisch zu zaubern.
Im Ernst, ein großer Topf Chili con Carne, eine Flasche vom Lieblingswein, eine Schüssel selbstgemachte Mousse au Chocolat und vielleicht noch ein bisschen Kerzenlicht – mehr braucht man doch meist gar nicht, um alle am Tisch satt und glücklich zu machen.
In diesem Buch zeige ich euch, wie ihr für eure Gäste ganz ohne Stress mexikanische Fiestas, spontane Pasta-Partys oder auch einen gemütlichen Brunch ausrichtet. Es wird köstliche Currys, einfache Ofengerichte, leckere Drinks und Desserts zum Dahinschmelzen geben. Ich verrate euch, wie ihr im Handumdrehen wunderschöne Käseplatten anrichtet, fantastisches Fingerfood zaubert, eine DIY-Getränkebar zusammenstellt und mit den einfachsten Materialien eine wunderschöne Tischdeko hinbekommt.
Um ein entspanntes Essen für Freunde und Familie auszurichten, braucht man im Grunde ja nur drei Dinge: etwas gute Vorbereitung, ein paar gelingsichere Rezepte und ein bisschen Improvisationstalent. Bevor es ans Kochen geht, findet ihr deshalb meine gesammelten Tipps und Ratschläge zur Menüplanung, zur stressfreien Organisation und zum problemlosen Meistern von kleinen Pannen. Außerdem gibt es eine wunderschöne Vorlage für Einladungen und Menükarten zum Ausdrucken (falls es mal etwas festlicher werden soll) und Playlist-Vorschläge für die passende Hintergrundmusik. Ihr seht schon, es wurde an alles gedacht!
Die Rezepte, die ich für euch zusammengestellt habe, sind meine absoluten Lieblingsgerichte. Manche davon koche ich schon seit etlichen Jahren, auf andere bin ich erst vor Kurzem gestoßen. Statt komplizierter Sterne-

Menüs und schwer zu beschaffenden Zutaten setze ich lieber auf gut vorzubereitende, alltagstaugliche Gerichte mit dem gewissen Etwas, denn der Schlüssel zu einem guten Essen liegt für mich vor allem in der Liebe zum Detail. Gute Zutaten, ein paar besondere Gewürze, hier und da ein paar kleine Kniffe – und schon hat man aus einem eigentlich unkomplizierten Essen mit spielerischer Leichtigkeit etwas ganz Außergewöhnliches geschaffen.

Viele meiner Rezepte, wie zum Beispiel das Thai-Curry oder die Caponata, habe ich auf meinen Reisen entdeckt, dann gibt es Leckereien wie das Tiramisu und die Topfenpalatschinken, die aus unserer Familienschatzkiste stammen und jahrelange Tradition haben und schließlich noch ein paar geniale Zufallskreationen, wie zum Beispiel das Pulled-Beef-Chili, den lauwarmen Linsensalat mit Süßkartoffeln, Granatapfel und Ziegenkäse oder die Frühstückspizza mit Spiegelei, Avocado und Speck.

So unterschiedlich die Gerichte auch sein mögen, eines haben sie alle gemeinsam: Sie wurden mit ganz viel Liebe entwickelt und gekocht. Und jetzt sitzen sie hier zwischen den Blättern dieses Buches und warten sehnsüchtig darauf, von euch für viele liebe Menschen nachgekocht zu werden!

In diesem Sinne wünsche ich euch unheimlich viel Freude beim Nachmachen, Einladen, gemütlichen Zusammensitzen und Genießen.

PFEIFT AUF PERFEKTION
UND HABT DIE ALLERSCHÖNSTE ZEIT!

Eure Eni

HERZLICH
WILLKOMMEN!

ÜBER MICH

Als ich zwei Jahre alt war, zogen meine Eltern mit mir von Budapest nach Deutschland. Die ersten Jahre lebten wir zusammen in einer 50 m² kleinen Wohnung, und unsere Einrichtung war eine bunte Mischung aus Sperrmüll und Flohmarkt. Die Küche bestand aus einem alten Gasherd, einem Holztisch mit unterschiedlichen Stühlen und einer winzigen Spüle, aber entgegen aller Erwartungen war unsere kleine, zusammengewürfelte (aber irgendwie doch ganz gemütliche) Wohnung fast immer gerappelt voll. Nahezu jedes Wochenende hatten wir Freunde oder Familie zu Besuch. Es wurde gegessen, gelacht, geredet, Musik gehört, manchmal sogar getanzt. In der Küche türmten sich Schüsseln und Schälchen mit Köstlichkeiten und überall standen Gläser mit bunten Schirmchen (und, soweit ich mich erinnere, auch ein paar Aschenbecher – damals war das ja noch so!). Wenn ich an meine Kindheit zurückdenke, kommt mir als Erstes genau diese Zeit in den Sinn: fröhliche, bunte, glückliche Tage. Und als Zweites – wie könnte es anders sein – Essen!

Egal ob an Weihnachten oder an einem beliebigen Sonntag – gemeinsames Essen wurde in unserer Familie immer zelebriert. Die Gerichte, die auf den Tisch kamen, waren simpel, aus den einfachsten Zutaten gekocht und trotzdem unfassbar lecker. Das mag kitschig klingen, aber man konnte die Liebe, mit der meine Mama und meine Omas ihre Gerichte zubereitet haben, förmlich herausschmecken. Für mich war das immer wie Zauberei.

Obwohl es mir damals gar nicht so bewusst war, hat mich diese Einstellung zum Kochen und zum Essen unheimlich geprägt. Wenn meine Eltern übers Wochenende verreisten, lud ich alle meine Freundinnen zum Übernachten ein. Ich kaufte von meinem Taschengeld frisches Baguette und Antipasti auf dem Markt, kochte Rotwein-Bolognese und Spaghetti Carbonara, zum Nachtisch gab es selbstgemachtes Tiramisu nach dem Rezept meiner Mama. Wir zündeten Kerzen an, tranken zu viel süßen Weißwein, hörten schnulzige Playlists und schliefen auf dem Sofa ein. Morgens machte ich uns Pancakes, während die anderen den Tisch deckten. Das waren die allerschönsten Tage!

Inzwischen bin ich selbst Mama von drei bezaubernden Kindern, und obwohl es durchaus Zeiten gibt, in denen uns der chaotische Alltag fest im Griff hat, hat sich an meiner Liebe zum gemeinsamen Essen in gemütlicher Runde nicht viel geändert. Im Gegenteil! Kaum etwas bereitet mir mehr Freude als an Weihnachten das Familienessen auszurichten, meine Mädels zum ausgedehnten Frühstück einzuladen oder mit Freunden bei einem Gläschen Wein und einer leckeren Käseplatte das Wochenende einzuläuten.

Trotz meiner kulinarischen Begeisterung muss ich gestehen, dass ich bei weitem keine perfekte Köchin bin. Ich bin ungeduldig, chaotisch, eigensinnig, halte mich nur selten an Rezeptangaben (nicht mal an meine eigenen!) und bringe alle halbe Stunde den Rauchmelder zum Piepen. Und ja, hin und wieder geht beim Kochen auch mal was so richtig daneben – manchmal sogar, wenn Gäste kommen. Die Carbonara, von der ich euch erzählt habe, war

ehrlich gesagt ein Desaster. Aber hey, dafür hatten wir noch jede Menge Tiramisu und ziemlich viel Spaß!
Dass mein Weg mich in diese Richtung geführt hat, ist rückblickend gesehen vielleicht keine große Überraschung. So habe ich vor zwei Jahren meinen Foodblog „No Taste Like Home“ ins Leben gerufen, auf dem ich meine allerliebsten Wohlfühlgerichte und so manch andere Geschichten mit meinen Lesern teile. Mein eigentlicher Herzenswunsch war jedoch immer schon ein eigenes Kochbuch, aber lange war ich unsicher, worüber ich schreiben sollte und vor allem wollte. Ich habe vieles probiert, vieles wieder verworfen und irgendwann habe ich einfach darauf losgeschrieben (und gekocht), ohne so richtig zu wissen, wohin der Weg gehen soll.
Das Ergebnis haltet ihr nun in euren Händen. Ein Buch, in dem es nicht nur um die Liebe zum Kochen und Experimentieren geht, sondern vor allen Dingen um die Magie, die entstehen kann, wenn wir diese Liebe mit anderen teilen!

ENTSPANNT GÄSTE EINLADEN – ALLES, WAS DU WISSEN MUSST!

Egal ob es ein entspannter Brunch, ein opulentes Dinner mit allem Drum und Dran oder doch nur ein Abend in gemütlicher Runde werden soll – ein bisschen Planung kann nie schaden! Mit meinem Rundum-Sorglos-Paket seid ihr für so gut wie alle Eventualitäten gerüstet, sei es Tischdeko, Menüzusammenstellung oder eine plötzliche Panne.

IHR SEID EINGELADEN!

Ob mit einer selbstgemachten Karte oder ganz zwanglos per WhatsApp – eine schriftliche Einladung freut jeden und ist die optimale Lösung, um Missverständnissen in Bezug auf Zeit, Ort und Anlass vorzubeugen. So können sich Gäste, was Datum und Uhrzeit angeht, jederzeit rückversichern, ohne in die Verlegenheit zu kommen, beim Gastgeber nachfragen zu müssen.

Damit keine Fragen offen bleiben, sollte eine Einladung folgende Infos enthalten:

- Anlass (gemütliches Dinner, Sonntagsbrunch, Geburtstagsparty, Sommerfest, o.Ä.)
- Datum und Uhrzeit
- Ort (ggf. mit Adresse)
- Deadline für Rückmeldungen

Wer möchte, kann in seiner Einladung bereits verraten, was auf den Tisch kommt und seine Freunde darum bitten, sich z.B. um dazu passende Getränke oder Snacks zu kümmern. Keine Angst, die meisten Gäste freuen sich, etwas beisteuern zu können und dem Gastgeber Arbeit abzunehmen!

Im Folgenden findet ihr Gestaltungsbeispiele für Einladungen und Menükarten. Ihr könnt euch die Vorlagen zum Ausdrucken herunterladen unter dem QR-Code auf Seite 200.

DIE QUAL DER WAHL: WAS SOLL ICH BLOSS KOCHEN?

Klassisch oder ausgefallen?

Lädt man Freunde oder Familie zum Essen ein, kennt man seine Gäste meist nicht erst seit gestern und weiß um ihre Vorlieben Bescheid. Je nachdem kann man entscheiden, wie exotisch und ausgefallen oder eher klassisch und traditionell das Menü sein darf und soll. Während ich für Freunde gerne indisches Butter Chicken, orientalische Salate oder scharfe Enchiladas koche, weiß ich, dass Oma Magda nicht unbedingt der größte Fan von Koriander und Ziegenkäse ist und setze stattdessen lieber auf Kartoffelgratin mit leckeren Rouladen. Wenn ich mir unsicher bin, koche ich am liebsten ein schnörkelloses Hauptgericht ohne viel Chichi und serviere dazu die ein oder andere außergewöhnliche Beilage. Es muss allerdings nicht immer ein festes Menü sein! Auch ein schönes Buffet mit unterschiedlichen warmen und kalten Speisen kommt gut an und lässt sich prima vorbereiten!

Motto-Dinner

Pasta-Party, mexikanische Fiesta, asiatischer Abend oder eine verführerische Tafel aus 1001 Nacht – ein Menü thematisch auszurichten, finde ich immer besonders schön. Gerichte, Gewürze und Getränke können dabei toll aufeinander abgestimmt werden und sorgen für geschmackliche Harmonie.

Auf Nummer sicher gehen: Unverträglichkeiten & Co

Habt ihr euch für ein bestimmtes Menü entschieden, ist es trotzdem ratsam, noch einmal nachzuhorchen, ob es bei euren Gästen Unverträglichkeiten oder Probleme mit bestimmten Gewürzen oder Kräutern gibt. Zutaten wie zum Beispiel Chili, Ingwer oder Koriander können ziemlich polarisieren,

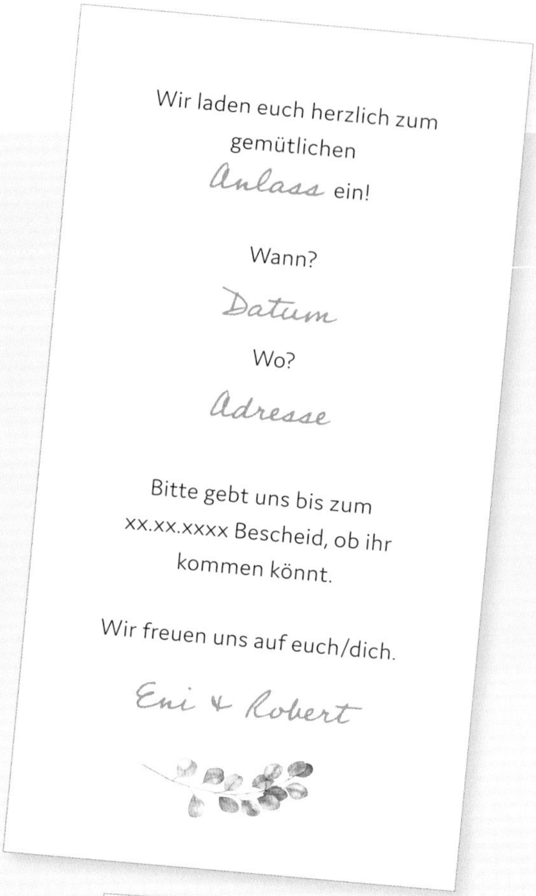

deshalb lieber einmal zu viel fragen als das Nachsehen haben. Viele Kräuter und Gewürze könnt ihr auch einfach in kleinen Schälchen zum Essen reichen.
Sind Vegetarier oder Veganer unter den Gästen, bereite ich noch eine zweite, fleischlose Hauptspeise vor. Obwohl die meisten Vegetarier unter meinen Gästen niemals um eine „Extrawurst" bitten würden, merke ich trotzdem immer wieder, wie sehr sie sich darüber freuen, dass ich mir Gedanken um ihre Vorlieben gemacht habe. Der gratinierte Feta (Rezept S. 103) oder die Caponata (Rezept S. 120) sind schnelle und leckere Alternativen zu Fleisch und Fisch und ganz einfach gemacht. Aber auch viele andere Hauptgerichte in diesem Buch können ohne Probleme entsprechend abgewandelt werden. Hinweise dazu findet ihr bei den Rezepten.
Vegetarische Rezepte sind mit gekennzeichnet, vegane mit .

An alles gedacht: Vorausschauend planen – Stress vermeiden

Wer vorausschauend plant, hat halb gewonnen, denn oft sind es tatsächlich nur klitzekleine Details, die euch als Gastgeber ins Schwitzen bringen können: das Salz, das am Sonntagmorgen plötzlich alle ist, die Sahne für das Dessert, die man aus Versehen zu lange geschlagen hat und die sich nun blöderweise in Butter verwandelt hat, oder der Fleischer, der dieses eine bestimmte Fleisch für das geplante Hauptgericht nicht mehr vorrätig hat.

Vorratscheck

Bevor es an die Einkäufe geht, kann ein kurzer Blick in die Vorratskammer nie schaden! Sich blind darauf zu verlassen, dass man Grundzutaten wie Salz, Pfeffer, Zimt oder Öl sowieso daheim hat, kann schnell nach hinten losgehen.

Vorbestellen

Außergewöhnliche Zutaten und größere Mengen an bestimmten Fleisch-, Fisch-, Käse- oder Brotsorten bestelle ich am liebsten schon im Voraus und meistens auch ein bisschen mehr als im Rezept vorgegeben. So bin ich immer auf der sicheren Seite, falls beim Kochen doch mal etwas schiefgeht.

Einen Zeitplan erstellen

Das Erstellen eines groben Zeitplans hilft, Stress zu vermeiden und bei der Planung den Überblick zu behalten. Wenn ich ein größeres Menü plane, versuche ich außerdem so viel wie möglich bereits im Voraus zu erledigen, um am Tag der Einladung nicht in Stress zu geraten oder bestimmte Dinge in der Hektik zu vergessen. Dips, Desserts, Salate, Dressings und Fingerfood kann man oft schon einige Tage im Voraus vorbereiten. Die Einkäufe erledigt man am besten 2–3 Tage vorher, Getränke kann man natürlich auch schon früher besorgen.

Im Voraus für Nachschub sorgen

Großzügigkeit ist für mich eine der wichtigsten Eigenschaften eines guten Gastgebers. Ich fände es schrecklich, wenn meine Gäste nach der Hälfte des Abends auf dem Trockenen sitzen würden, deshalb besorge ich von vorneherein immer ein paar Getränke mehr als vielleicht nötig. So ein paar Extrafläschchen Wein im Keller schaden nie und wer weiß, vielleicht wartet ja die nächste Spontan-Party bereits um die Ecke …

Wenn Kinder kommen

Sind Kinder auf der Party, stelle ich auf einem kleinen Tisch Snacks und Knabbereien bereit, wie z.B. Karotten- und Gurkensticks, Salzstangen, aber auch mal Popcorn oder Kekse. Daneben gibt's eine kleine Spielecke mit ein paar gemütlichen Kissen, Büchern, Puzzles,

Gesellschaftsspielen, Buntstiften und Papier. So kommt bei den Kleinen garantiert keine Langeweile auf, während die Eltern in Ruhe ihren Aperitif genießen können. Was das Essen betrifft, bereite ich für die Kids immer ein unkompliziertes „Extramenü" vor. Hotdogs zum Beispiel sind total schnell gemacht und kommen bei den Kleinen meist besser an als Thai-Curry oder Guacamole.

Enis Geheimtipp:
Für ein kleines Highlight einfach Pizzateig zu dünnen Rollen formen, ein paar Würstchen damit umwickeln. Im vorgeheizten Ofen bei 200 °C etwa 15–20 Minuten im Ofen zu kleinen Mumien-Würstchen backen und mit Ketchup und Gemüsesticks servieren. Minimaler Aufwand, dafür aber viele strahlende Gesichter garantiert!

WOHLFÜHLATMOSPHÄRE SCHAFFEN

Tischlein deck dich

Eine schöne Atmosphäre beim Essen ist mir unheimlich wichtig. Ein hübsch gedeckter Tisch, angenehme Beleuchtung und die passende Musik im Hintergrund verströmen heimelige Gemütlichkeit und festliche Stimmung zugleich. Eine tolle Tischdeko muss aber weder aufwendig noch teuer sein.
Mit Naturmaterialien, wie Wiesenblumen, Kräutern, Kastanien, Ästen, Blättern, Steinen oder Walnüssen, lässt sich wunderbar dekorieren. Auch bestimmte Obst und Gemüsesorten, wie z.B. Artischocken bei einem sommerlichen Brunch, kleine Kürbisse bei einem herbstlichen Dinner oder Feigen bei einer orientalischen Tafel machen ordentlich was her! Leere Marmeladengläser, Konservendosen oder kleine Fläschchen lassen sich schnell zu Vasen oder Teelichthaltern umfunktionieren.

Menükarten

Wenn es richtig feierlich werden soll (oder ich besonders viel Zeit habe), erstelle ich gern kleine Menükärtchen für den Tisch. Das weckt die Vorfreude auf das Menü und sieht einfach hübsch aus.
Menükarten eignen sich zudem auch ganz hervorragend als kleine Orientierungshilfe bei einem Buffet. Die einzelnen Speisen können so ganz einfach mit kleinen Hinweisen wie „vegetarisch" und „vegan" versehen werden – so weiß jeder genau, wo er zugreifen möchte.

To seat or not to seat?

Tischkärtchen kommen bei mir tatsächlich nur bei sehr festlichen Anlässen zum Einsatz oder wenn Gäste eingeladen sind, die sich untereinander noch nicht kennen. Bei einem lockeren Brunch oder einem gemütlichen Abendessen lasse ich die Gäste ihren Platz selbst aussuchen, schließlich sollen sie sich ja wie zuhause fühlen.

Musik auf Knopfdruck

Ein bisschen Musik im Hintergrund gehört für mich zu einer gemütlichen Atmosphäre einfach dazu. Bei Musikanbietern wie z.B. Spotify gibt es bereits etliche unterschiedliche Playlists zum Thema „Dinner with Friends" – man kann sich aber auch ganz leicht seine ganz individuelle Liste zusammenstellen und braucht dann nur noch auf Play zu drücken, wenn die Gäste kommen. Ich habe Euch eine Liste mit meinen Favoriten zusammengestellt – Ihr findet sie auf Spotify unter dem Stichwort FOOD, FRIENDS & LOVE.

STRESSFREI KOCHEN UND SERVIEREN – SO GEHT'S!

Pfeif' auf Perfektion!

Für größere Runden koche ich am liebsten Gerichte, die ich selbst gerne esse und die sich gut vorbereiten lassen. Ein perfekt gebratenes Rinderfilet mag vielleicht bei den meisten Leuten ziemlichen Eindruck schinden, in der Zubereitung für mehrere Personen ist mir das aber viel zu aufwendig. Dann lieber ein schöner Lachs aus dem Ofen oder das unkomplizierte Chili. Das schmeckt genauso lecker und lässt sich ganz entspannt auch mal nebenher zubereiten.
Generell eignen sich Schmor- und Ofengerichte perfekt für ein Essen mit mehreren Personen, denn während Fleisch & Co. im Ofen oder auf dem Herd vor sich hin schmurgeln, bleibt genügend Zeit, um sich in aller Ruhe um Beilagen, Getränke und Deko zu kümmern. Manche Gerichte können sogar schon am Vortag gekocht werden und müssen zum Aufwärmen nur noch kurz eine Runde in den Ofen hüpfen, sobald die Gäste eintreffen.

K(l)eine Küchenexperimente

Die gemeinsam verbrachte Zeit steht für mich bei einem Essen mit Freunden zwar immer im Vordergrund, aber trotzdem möchte man mit seinem Menü gerne auch ein bisschen begeistern! Aus eigener Erfahrung kann ich euch sagen, dass Rezepte aus der „auf Nummer sicher" Kategorie meist die beste Wahl sind. Sich selbst mit seiner Menüauswahl wohlzufühlen, ist für mich die wichtigste Voraussetzung, um ein entspannter Gastgeber zu sein, denn wer ständig Angst hat, dass das Filet zu zäh, die Sauce zu wässrig oder der Curryschaum zu flüssig wird, hat weder Zeit noch Nerven, um entspannt mit seinen Freunden zu plaudern und zu genießen.

Enis Geheimtipp:
Lieber auf bewährte und bodenständige Gerichte mit Erfolgsgarantie setzen und nur mit einzelnen Komponenten variieren oder neue, spannende Aromen-Kombinationen durch den Austausch von Gewürzen oder einzelnen kleineren Zutaten schaffen!

Würzen mit Bedacht!
Geschmäcker sind ja bekanntlich ziemlich verschieden! Während mein Mann und ich furchtbar gerne scharf essen, ist das bei Weitem nicht bei allen unseren Freunden der Fall, und auch an Gewürzen und Kräutern, wie zum Beispiel Kreuzkümmel, Anis und Koriander, scheiden sich die Geister. Was bei dem einen wahre Begeisterungsstürme auslöst, kann für den anderen unter Umständen völlig ungenießbar sein! Stark polarisierende Zutaten lasse ich in meiner Menüauswahl daher entweder ganz außen vor oder reiche sie einfach in kleinen Schälchen dazu. So kann jeder Gast selbst bestimmen, wie feurig das Curry oder wie würzig das Dal sein soll.

Abschmecken nicht vergessen!

Auch das allerbeste Rezept ist nicht in Stein gemeißelt: Zutaten können in ihrer Qualität variieren, Kräuter können unterschiedlich intensiv, Tomaten unterschiedlich aromatisch sein. Und auch Mengenangaben für Gewürze sind ganz stark vom eigenen Geschmack abhängig.
Am besten ist es, das Gericht schon während der Zubereitung immer wieder zu probieren und, falls nötig, nachzuwürzen oder Flüssigkeit hinzuzufügen, selbst wenn das Rezept es anders vorsieht! Auch die Garzeiten von Fleisch und Gemüse können unter Umständen von Vorgaben abweichen, deshalb lieber immer mal wieder einen Blick in den Ofen oder in den Schmortopf werfen, um nach dem Rechten zu sehen.

Make it veggie!

Viele meiner Hauptgerichte enthalten Fleisch oder Fisch, einige davon können jedoch ganz unkompliziert zu fleischfreien Gerichten abgewandelt werden. Ein Thai-Curry kann ebenso gut mit Tofu serviert werden, die Käsekartöffelchen und die Enchiladas begeistern auch ohne Bacon Crunch und die Pasta mit cremiger Wodka-Sauce schmeckt auch ohne die Zugabe von Scampi ganz fantastisch. Unter den Rezepten findet ihr dazu viele Alternativen und hilfreiche Tipps, damit auch eure vegetarischen Gäste garantiert glücklich werden.

Schmeckt nicht, gibt's nicht!

Lasst euch von einem Gericht nicht direkt abschrecken, nur weil vielleicht eine unliebsame Zutat auf der Liste steht. Viele Zutaten in meinen Rezepten sind austauschbar oder zumindest abwandelbar. Wer keine Kichererbsen mag, kann diese durch weiße Bohnen ersetzen. Je nach Saison kann Hokkaidokürbis statt Süßkartoffeln (und umgekehrt!) verwendet werden. Auch Ahornsirup kann jederzeit durch Agavendicksaft oder Honig ersetzt werden und vor allem bei Gewürzen ist immer Raum für Spielereien. Solange ihr euch mit den Mengenangaben grundsätzlich an das Rezept haltet und darauf achtet, dass die Ersatzzutat ungefähr die gleiche Konsistenz und Beschaffenheit hat wie das Original, kann nicht viel schief gehen.

Kleine Pannen locker sehen!

Trotz akribischer Vorbereitung und dem tollsten Menü kann es im Eifer des Gefechts immer mal zu kleinen Pannen kommen. Da hilft nur locker bleiben und nicht in Panik verfallen! Von einer verkochten Beilage geht die Welt nicht unter, und vieles lässt sich am Ende doch noch irgendwie retten. Für alles andere gilt: Was nicht fertig wird, war nie geplant!
Mein Tipp: Für den Notfall am besten immer noch ein extra Baguette und ein paar (notfalls gekaufte) Dips im Kühlschrank haben. So bleiben die Gäste auch bei kleinen Missgeschicken oder Wartezeiten satt und zufrieden.

SOS-Tipps

Versalzene Gerichte können meistens mit etwas Zucker, Sahne oder Wasser wieder in Ordnung gebracht werden. Auch bei zu viel Säure hilft Zucker zum Ausgleichen.
Wässrige Saucen können mit Mehl, Speisestärke oder kalter Butter gebunden werden.
Saucen, die wiederrum zu dick sind, einfach mit etwas Brühe, Wein oder Sahne strecken.

Es ist angerichtet – Gemütlichkeit statt Perfektion!

Eine große bunte Tafel mit vielen kleinen Köstlichkeiten hat für mich etwas Heimeliges und erinnert mich irgendwie immer an Sonntagsessen mit der Familie. Statt jeden Teller einzeln anzurichten und komplizierte Menüabfolgen zu beachten, kommt bei mir deshalb alles gleichzeitig auf den Tisch: Hauptgericht, Beilagen, Salate, manchmal sogar die Vorspeisen – einmal alles in die Mitte und schon kann es losgehen!

So kann sich jeder genau das nehmen, worauf er gerade Lust hat, und bequem Nachschlag holen, ohne ständig in die Küche springen zu müssen. Das finden nicht nur die Gäste toll, auch als Gastgeber kann man sich entspannt zurücklehnen und das Essen genießen.

DIY-Getränkebar

Um den Tisch mit Gläsern, Wasserkaraffen und Wein nicht zu voll zu beladen, richte ich gerne eine kleine Getränkebar in Tischnähe ein. Dort kann man unterschiedliche Gläser, Wasserkaraffen, Säfte, Rotwein sowie gegebenenfalls Eiswürfel, Flaschenkühler mit Prosecco oder Weißwein, selbstgemachten Sirup für Mixgetränke, Limetten oder Zitronenscheiben, Strohhalme, Flaschenöffner und Korkenzieher platzieren.

So eine Getränkebar hat übrigens gleich mehrere Vorteile: Die Gäste können sich nach Lust und Laune frei bedienen und kommen beim Getränkemixen ganz automatisch ins Gespräch.

MUST HAVES AUS DEM VORRATS-SCHRANK: GEWÜRZE, PASTEN, ÖLE & CO

Misopaste
Miso ist eine fermentierte Paste aus Sojabohnen (manchmal auch aus Reis, Gerste oder Süßlupinen) und hauptsächlich aus der japanischen Küche bekannt. Da Miso sehr salzig ist, eignet es sich hervorragend als Würzmittel für Suppen, Salatsaucen und Marinaden, aber auch für Eintöpfe und Schmorgerichte. Vorsichtig dosiert kommt es auch in Süßspeisen toll zur Geltung. Beim Kochen verwende ich am liebsten helles Miso, da dieses etwas süßlicher im Geschmack ist. Die Paste findet man meist in Asialäden bzw. in der Asia-Abteilung größerer Supermärkte.

Currypaste
Ob gelb, rot oder grün – eine Curry Paste ist das Herzstück eines jeden Thai-Currys und wird aus unterschiedlichen Zutaten wie Chilis, Kurkuma, Ingwer, Knoblauch, Kafir-Limettenblättern, Koriandersamen, Palmzucker und Zitronengras hergestellt. Während die gelbe Variante eher mild im Geschmack ist, sind die rote und die grüne Curry-Paste vor allem für ihre Schärfe bekannt. Man findet sie inzwischen in fast allen Supermärkten; ich kaufe sie aber lieber in Asialäden, dort sind sie etwas günstiger, vor allem aber authentischer. Außerdem bekommt man dort auch gleich andere Zutaten, die man sonst noch für ein gutes Curry braucht, wie z.B. frisches Thai-Basilikum und Kafir-Limettenblätter.

Shichimi Togarashi
Shichimi Togarashi ist eine pikante japanische Gewürzmischung und kann für Fleisch oder Suppen verwendet werden. Die Hauptzutaten sind gemahlener Mohn, Mandarinenschalen, Hanf- und Sesamsamen, eine Art Szechuan-Pfeffer sowie Nori. Ich benutze es fast ausschließlich für mein geliebtes Nori Granola, ein scharfer Nuss- und Haferflocken-Mix, der sich perfekt als Knabberei oder als besonderes Topping für Salate und Suppen eignet. Man bekommt es in sehr gut sortierten Gewürzläden oder online.

Granatapfelsirup
Der Balsamico des Orients und nicht zu verwechseln mit dem süßen Cocktailsirup Grenadine! Der süßlich-säuerliche Granatapfelsirup wird vor allem in orientalischen Eintöpfen und Salaten verwendet. Mit etwas Honig und Knoblauch vermischt, ist er auch eine leckere Glasur für Fleisch und Fisch!

Pankomehl

Ein grobes Paniermehl aus der asiatischen Küche, welches Fleisch, Fisch und Gemüse eine besonders knusprige Hülle verleiht. Das Mehl wird aus der Brotkrume hergestellt und ist daher etwas heller als herkömmliches Paniermehl. Aufgrund seiner groben Struktur eignet es sich auch sehr gut für die Herstellung von Pangrattato. Das Mehl bekommt ihr in Asialäden oder in Supermärkten mit einem größeren Angebot an asiatischen Produkten.

Ras el-Hanout

Mein Lieblingsgewürz und ein Muss für jeden Orientfan! In der nordafrikanischen Gewürzmischung verstecken sich unter anderem Korianderkörner, Kardamom, Kreuzkümmel, Bockshornklee, Kurkuma, Zimt, Ingwer, Piment und Muskatnuss. Passt hervorragend zu marokkanischen Eintöpfen, Fleischgerichten, Couscous, Hummus, Shakshuka & Co.

Geröstetes Sesamöl

Ein bernsteinfarbenes, sehr intensives und aromatisches Öl, das sich bestens für asiatische Speisen, Salatdressings oder Dips eignet. Sesamöl sollte aufgrund seines dominanten Eigengeschmacks eher vorsichtig dosiert und nicht erhitzt werden. Wenn es doch mal ein bisschen zu viel wird, helfen Honig oder Ahornsirup den leicht bitteren Geschmack auszugleichen.

Harissa

Harissa ist eine sehr scharfe, orientalische Gewürzpaste aus frischen Chilis, Kreuzkümmel, Koriandersamen und Olivenöl. In der nordafrikanischen und arabischen Küche wird sie als Würzmittel für viele unterschiedliche Gerichte, wie Suppen, Eintöpfe, Salate und Dips, benutzt oder pur zu Mezze und Fladenbrot serviert. Harissa findet man in türkischen Läden oder im Gewürzregal meist neben dem Tabasco.

Schwarzer Sesam

Schwarzer Sesam schmeckt leicht erdig und nussig und ist der perfekte Begleiter für orientalische Speisen. Man bekommt ihn in türkischen Läden, aber auch in gut sortierten Supermärkten. Ich streue ihn am liebsten über Couscous-Salat, Hummus oder selbstgemachtes Naan-Brot.

Quicheteig

Es muss nicht immer alles hausgemacht sein! Mein liebster Quicheteig kommt tatsächlich aus dem Kühlregal und hat mich schon bei vielen spontanen Einladungen gerettet. Einfach den Teig aus dem Kühlschrank holen, die Füllung zusammenrühren und ab damit in den Ofen.

Zatar

Die nordafrikanische Gewürzmischung aus weißem Sesam, wildem Thymian und Sumach wird traditionell mit Olivenöl vermischt und vor dem Backen auf Fladenbrot gepinselt. Ich benutze Zatar aber auch gerne zum Würzen für orientalische Gerichte aller Art. Erhältlich ist das Gewürz in den meisten türkischen Läden oder auch online.

Ahornsirup

Der süße Sirup schmeckt ähnlich wie Honig und Agavendicksaft und eignet sich perfekt zum Süßen von Dressings, Marinaden und natürlich auch für Süßspeisen. Am besten die etwas teurere Variante kaufen, sie ist im Geschmack um Einiges feiner.

Tahin

Tahin ist ein wichtiger Bestandteil der orientalischen Küche. Das cremige und leicht bittere Sesammus wird nicht nur für Hummus verwendet, sondern eignet sich auch perfekt für Dips, Dressings und zum Abschmecken von marokkanischen Eintöpfen.

GEHEIMZUTATEN – SO WIRD'S BESONDERS!

Ein außergewöhnliches Gewürz, eine raffinierte Sauce oder ein ganz besonderes Öl – oft sind es nur Kleinigkeiten, die ein einfaches Gericht zu etwas ganz Besonderem machen!
Die Liebe steckt bei meinen Rezepten vor allem im Detail, deshalb möchte ich euch in diesem Kapitel einen kleinen Einblick in mein ganz persönliches Sammelsurium an Geheimzutaten geben. Angefangen beim ultimativen Nori-Granola über leckere Dips und Chutneys bis hin zu meinem liebsten Pesto ist hier alles vertreten.

ROTE-ZWIEBEL-ROSINEN-CHUTNEY

Klingt vielleicht komisch, aber Zwiebeln & Rosinen verschmelzen in diesem Chutney zum absoluten Traumpaar! Die würzig-süße Kombi ist übrigens auch der perfekte Begleiter für Grilled Cheese oder Steak Sandwiches!

ZUBEREITUNGSZEIT:
ca. 10 Minuten
KOCHZEIT:
15–20 Minuten

FÜR 2 GLÄSER

500 g rote Zwiebeln
1 EL Olivenöl
50 g Rosinen
3 EL Honig
1 Prise Kümmelpulver
1 Prise Zimt
1 Prise Cayennepfeffer
Salz und Pfeffer
200 ml Rotwein
60 ml Balsamico
4 EL Gelierzucker 3:1

Die Zwiebeln schälen, achteln und in dünne Scheiben schneiden oder hobeln.
In einem Topf das Öl erhitzen, die Zwiebeln und die Rosinen hinzugeben und unter Rühren weich garen.
Den Honig, die Gewürze, den Wein und den Balsamico zu den Zwiebeln hinzugeben, weitere 5 Minuten köcheln lassen und anschließend mit einem Stabmixer alles fein pürieren.
Nun den Gelierzucker zu den Zwiebeln geben und nochmal etwa 2–3 Minuten aufkochen lassen, bis die Marmelade eindickt. Gegebenenfalls nachwürzen.
Die Zwiebelmarmelade in vorbereitete, sterilisierte Gläschen füllen. Luftdicht verschlossen hält sie sich etwa 6 Monate.

JALAPEÑO-HONIG-RELISH

Ein Relish, das Rekorde bricht – die Herstellung dauert nicht mal eine Minute.
Es schmeckt unheimlich lecker zu Käse, Grillfleisch oder als Dip für Chips.
Aber Vorsicht – es ist trotz der Honigsüße ordentlich scharf!

ZUBEREITUNGSZEIT:
ca. 5 Minuten

FÜR 1 GLAS

1 halbes Glas eingelegte Jalapeños, abgetropft
4 EL Honig
ein ordentlicher Spritzer Limetten- oder Zitronensaft
Salz und Pfeffer

Die abgetropften Jalapeños, den Honig und den Limettensaft in einen Mixer geben und 5–10 Sekunden auf höchster Stufe grob mixen. Mit Salz und Pfeffer abschmecken.
Das Relish in ein Gläschen füllen und im Kühlschrank aufbewahren.
Gekühlt hält sich das Relish etwa 2 Wochen.

PESTO ROSSO MIT CASHEWNÜSSEN UND ORANGE

Von diesem Pesto habe ich immer ein Gläschen im Kühlschrank.
Perfekt für eine schnelle Pasta, aber noch lieber benutze ich es als Brotaufstrich für ein ordentliches Caprese-Sandwich!

ZUBEREITUNGSZEIT:
ca. 5 Minuten

FÜR 1 GLAS

2 Knoblauchzehen
180 g getrocknete, eingelegte Tomaten
30 ml Öl (ich verwende gerne das Öl, in dem die Tomaten eingelegt waren, das ist besonders aromatisch)
80 g Walnüsse
50 g Cashewnüsse
1 TL Orangenschale
1–2 Spritzer Zitronensaft
Salz und Pfeffer

Den Knoblauch schälen. Die getrockneten Tomaten mit dem Öl, den geschälten Knoblauchzehen, den Nüssen, der Orangenschale und dem Zitronensaft in einen Mixer geben und auf höchster Stufe etwa 30–60 Sekunden pürieren. Mit Salz und Pfeffer abschmecken und in einem luftdicht verschlossenem Glas am besten gekühlt aufbewahren.
Im Kühlschrank hält sich das Pesto 2–3 Wochen.

ZITRUS-AIOLI

Als absoluter Knoblauchfan geht für mich nichts über eine gute Aioli! Diese hier mag ich besonders gern, denn durch das Zitrusaroma schmeckt sie richtig schön frisch! Sie passt prima zu Fisch, Fleisch oder Baguette, aber auch als Dip zu knusprigem Ofengemüse!

ZUBEREITUNGSZEIT:
ca. 10 Minuten

FÜR 1 GLAS
2 Knoblauchzehen
1 Eigelb
½ TL Dijonsenf
100 ml neutrales Öl
ein paar Spritzer Orangen- und Zitronensaft
Abrieb einer halben Limette
Salz und Pfeffer

Den Knoblauch schälen, fein reiben und zusammen mit dem Eigelb und dem Dijonsenf in einem hohen Becher mit einem Pürierstab vermixen; das Öl währenddessen langsam hineinlaufen lassen.
Sobald die Aioli eine mayonnaiseartige Konsistenz besitzt, mit ein paar Spritzern Orangen- und Zitronensaft, dem Limettenabrieb sowie Salz und Pfeffer abschmecken.
Luftdicht verschlossen im Kühlschrank aufbewahren. Nach maximal 3 Tagen verbrauchen.

KNUSPRIGE KICHERERBSEN AUS DEM OFEN

Ein ganz einfacher, gesunder und leckerer Snack, der auch wunderbar als Topping für Salate oder orientalische Suppen funktioniert!

ZUBEREITUNGSZEIT:
ca. 5 Minuten
BACKZEIT:
ca. 40 Minuten

FÜR 500 G
500 g gekochte Kichererbsen
1 TL Salz
Cayennepfeffer nach Belieben
1 TL Ras el-Hanout
2 EL Olivenöl
1 TL Ahornsirup

Den Backofen auf 200 °C Ober-/ Unterhitze vorheizen.
Die Kichererbsen gut abtropfen lassen, kurz abspülen und in einer Schüssel mit den Gewürzen, dem Öl und dem Ahornsirup vermischen.
Die Kichererbsen auf ein mit Backpapier belegtes Backblech geben und etwa 40 Minuten im Backofen rösten, bis sie goldbraun und knusprig sind.

AROMATISIERTE BUTTER

Diese 4 Buttersorten sind nicht nur vielseitig einsetzbar, sondern auch blitzschnell gemacht. Besonders lecker schmecken sie zu ofenwarmem Pizzabrot!
Alle Buttersorten halten sich im Kühlschrank etwa 14 Tage.

LIEBLINGS-KNOBLAUCH-KRÄUTERBUTTER

ZUBEREITUNGSZEIT:
ca. 10 Minuten

FÜR CA. 180 G
80–100 g gemischte Kräuter: Petersilie, Salbei, Rosmarin, Minze, Thymian
2 kleine Knoblauchzehen
125 g weiche, gesalzene Butter
Abrieb einer kleinen Orange und einer Limette
2 Prisen Pfeffer

Die Kräuter fein hacken, die Knoblauchzehen schälen. Alle Zutaten in einen hohen Becher geben und mit einem Stabmixer oder in einem Food Processor mixen.
Die Butter in einen geeigneten Glasbehälter füllen und im Kühlschrank aufbewahren.

FEURIGE TOMATEN-CHILI-BUTTER

ZUBEREITUNGSZEIT:
ca. 10 Minuten

FÜR CA. 180 G
1 kleine Knoblauchzehe
125 g weiche, gesalzene Butter
80 g getrocknete, eingelegte Tomaten
1 TL Harissapaste
1 TL Tomatenmark oder rotes Pesto

Den Knoblauch schälen. Alle Zutaten in einen hohen Becher geben und mit einem Stabmixer oder in einem Food Processor mixen.
Die Butter in einen geeigneten Glasbehälter füllen und im Kühlschrank aufbewahren.

GESCHLAGENE MEERSALZBUTTER MIT HONIG

ZUBEREITUNGSZEIT:
ca. 10 Minuten + Wartezeit

FÜR CA. 250 G
250 g gesalzene Butter
1 TL Honig
etwas Limettenschale
30 ml Sahne

Die gesalzene Butter aus dem Kühlschrank nehmen und über mehrere Stunden (am besten über Nacht) sehr weich werden lassen. Die Butter anschließend mit dem Honig und der Limettenschale in eine Schüssel geben und mit einem Rührgerät schaumig schlagen.
Die Sahne steif schlagen und vorsichtig unter die Butter heben. Am besten sofort servieren.

NORI-GRANOLA

Ein köstliches, kerniges, leicht scharfes Topping mit japanischem Touch (und Suchtpotenzial). Die Zutaten klingen zunächst vielleicht etwas abenteuerlich, doch das Ergebnis wird euch definitiv überzeugen! Schmeckt besonders gut über Salate oder Avocadobrot gestreut oder als kleine Knabberei zu einem kalten Bier und gibt asiatischen Reis- oder Nudelgerichten eine ganz besondere Note!

ZUBEREITUNGSZEIT:
ca. 5 Minuten
BACKZEIT:
ca. 20 Minuten

FÜR 450 G
180 g kernige Haferflocken
100 g grob zerstoßene Cashewnüsse
100 g grob zerstoßene Pekannüsse
50 g weißer Sesam
30 g schwarzer Sesam
3 EL Fenchelsamen
1 Noriblatt, in kleine Blättchen gezupft
2 TL Shichimi Togarashi
5 EL Olivenöl
5 EL Ahornsirup
Saft und Abrieb einer halben Orange
optional: 1 EL Chiliflocken

Den Backofen auf 175 °C vorheizen und ein Backblech mit Backpapier auslegen.
Alle Zutaten in eine große Schüssel geben und mit einem Kochlöffel oder den Händen gut vermengen.
Die Granola-Mischung auf das Backblech geben und etwa 15–20 Minuten backen, bis alles goldbraun ist.
Das Granola aus dem Ofen nehmen, auskühlen lassen und in luftdichte Gläser füllen.

KLASSISCHE GREMOLATA

mit Petersilie und Zitrusschale

Schon wieder so ein Liebling! Gremolata ist eine Mischung aus sehr fein gehackten Kräutern, geriebenem Knoblauch und jeder Menge Zitrusschale. Sie schmeckt würzig, fruchtig und erfrischend zugleich und passt besonders gut zu Pasta, Risotto, gegrilltem Fleisch und Fisch. Auch herzhafte und schwere Eintöpfe wie Chili con Carne, Gulasch oder auch asiatische und orientalische Currys schmecken durch die fruchtige Frische von Gremolata gleich viel runder! Unbedingt ausprobieren!

ZUBEREITUNGSZEIT:
ca. 10 Minuten

FÜR 6 PERSONEN
1 Bund Petersilie
1–2 Knoblauchzehen
1 TL Orangenschale
1 TL Zitronenschale
1 TL Limettenschale
2 EL Olivenöl

Die Petersilie waschen und sehr fein hacken. Den Knoblauch schälen und durch eine Knoblauchpresse drücken.
Die gehackte Petersilie und den Knoblauch mit den Zitrusschalen und dem Olivenöl vermischen und in einem Schälchen servieren.

USCHIS DUKKAH

Wer einmal Dukkah probiert hat, wird nie wieder ohne leben können. Die ägyptische Nuss-Gewürzmischung ist quasi ein Universalveredler, und schon ein paar Prisen machen aus jedem Gericht etwas ganz Besonderes. Das Rezept habe ich für dieses Buch von meiner lieben Freundin Uschi, der Dukkah Queen herself, ausleihen dürfen. Am besten noch heute ausprobieren! Eignet sich übrigens auch perfekt als Gastgeschenk oder kleines Mitbringsel für Freunde.

ZUBEREITUNGSZEIT:
ca. 45 Minuten

FÜR 300 G

150 g Haselnüsse
3 EL Fenchelsamen
2 EL Kreuzkümmelsamen
4 EL Sonnenblumensamen
2 EL schwarze Pfefferkörner
7 EL Koriandersamen
5 EL Sesamsamen
3 TL Schwarzkümmelsamen
2 TL getrocknete Chiliflocken (oder Chilis, je nach Geschmack auch mehr oder weniger)
1 TL Paprika edelsüß
2 TL getrockneter Thymian
3 TL Meersalz-Flocken oder Fleur de Sel

Zuerst die Haselnüsse rösten, bis die Nüsse duften und die Haut sich löst. Das geht entweder bei mittlerer Hitze in einer kleinen Pfanne unter ständigem Rühren oder im Ofen bei 200 °C Umluft mit etwas seltenerem Wenden. In beiden Fällen dauert es 10–15 Minuten, bis die Nüsse fertig sind. Danach die Nüsse ein bisschen, aber nicht zu sehr, abkühlen lassen und in einem Küchentuch die Häute abrubbeln, soweit es geht.
Alle anderen Körner und Samen einzeln und nacheinander in einer kleinen Pfanne golden rösten, bis sie duften und beginnen zu knistern. Immer schön rühren. Die Chiliflocken nur kurz rösten. Abkühlen lassen, dann alle gerösteten Nüsse und Gewürze nacheinander und immer noch einzeln mörsern.
Alle gemörserten Zutaten mit Paprika, Thymian und Salz mischen. In Schraubdeckelgläsern aufbewahren.

ASIATISCHE KORIANDER-MINZ-GREMOLATA

ZUBEREITUNGSZEIT:
ca. 10 Minuten

FÜR 6 PERSONEN
½ cm Ingwer
½ Bund Koriander
½ Bund frische Minze
2 Knoblauchzehen
1 TL Limettenschale
1 TL Orangenabrieb
1 TL geröstetes Sesamöl
1 EL neutrales Öl

Den Ingwer schälen und reiben. Die Kräuter waschen und sehr fein hacken. Den Knoblauch schälen und durch eine Knoblauchpresse drücken.
Den gehackten Koriander, die Minze, den Ingwer und den Knoblauch mit den Zitrusschalen und dem Öl vermischen und in einem Schälchen servieren.

Enis Geheimtipp:

Außer Petersilie, Koriander und Minze eignen sich auch Basilikum und Zitronenmelisse sehr gut!

PANGRATTATO MIT TOMATEN, PINIENKERNEN UND THYMIAN

Vom Prinzip her erinnert Pangrattato ein wenig an Croûtons, allerdings wird für den knusprigen Mix statt Brotwürfelchen trockenes fein gehacktes Brot benutzt. Dieses wird nach Belieben in etwas Olivenöl oder Butter goldbraun geröstet und mit Kräutern, Knoblauch und gehackten Nüssen veredelt. Passt toll zu Pastagerichten, aber auch zu Risotto!

ZUBEREITUNGSZEIT:
ca. 15 Minuten

FÜR 6 PERSONEN
3 EL Pinienkerne
30 g getrocknete Tomaten
2 Stängel Thymian
1 Knoblauchzehe
2 EL Butter
7 EL Pankomehl
½ TL Zitronenschale
Salz und Pfeffer
optional: ½ TL Chiliflocken

Die Pinienkerne und die getrockneten Tomaten hacken.
Die Thymianblättchen vom Stängel abzupfen, den Knoblauch schälen und fein hacken.
Eine große Pfanne erhitzen. Die Butter darin schmelzen und das Pankomehl, die Tomaten, die Pinienkerne und den Thymian dazugeben und goldbraun rösten. Zuletzt den Knoblauch und die Zitronenschale dazugeben. Mit Salz und Pfeffer würzen und nach Geschmack noch Chiliflocken unterrühren.
Zu Pasta oder Risotto servieren.

EINFACHES TOMATEN-SUGO AUS DEM OFEN

Dieses Sugo ist die perfekte Basis für Pastasaucen aller Art. Besonderer Pluspunkt: Die Tomaten werden im Ofen geröstet und müssen danach nur noch kurz püriert werden, fertig ist die köstliche Tomatensauce!

ZUBEREITUNGSZEIT:
ca. 15 Minuten
BACKZEIT:
35 Minuten

FÜR 1 L

2 kleine Zwiebeln
3 große Knoblauchzehen
1,5 kg Cherrytomaten
5 EL bestes Olivenöl
jeweils eine Handvoll frischer Thymian und Oregano
1 EL Balsamico
1 EL brauner Zucker
Salz und Pfeffer
Abrieb einer Zitrone
optional: 1–2 getrocknete Chilis

Den Backofen auf 240 °C Ober-/Unterhitze vorheizen.
Die Zwiebeln und den Knoblauch schälen; die Zwiebeln achteln, den Knoblauch ganz lassen.
Die Tomaten waschen und zusammen mit den Zwiebeln und dem Knoblauch auf ein großes, tiefes Backblech (alternativ in eine große Auflaufform) geben.
Das Olivenöl, die abgezupften Kräuter, den Balsamico, den Zucker und etwas Salz dazugeben und alles gut vermischen. Das Gemüse etwa 30–35 Minuten im vorgeheizten Ofen weich rösten.
Die Tomatenmischung aus dem Ofen nehmen und in einen großen Topf geben. Den Zitronenabrieb hinzufügen und mit einem Pürierstab glattpürieren. Mit Salz und Pfeffer nachwürzen.
Nach Geschmack getrocknete Chilis hinzufügen.

SONNTAGSBRUNCH MIT FREUNDEN

Ich gehöre definitiv zu den Menschen, die stundenlang frühstücken können. Hier ein Croissant, da ein Rührei, ein Gläschen Sekt und später vielleicht noch ein Stück Schokokuchen. Oder doch lieber noch ein Avocadobrot?

Hach ja, so ein hübsch gedeckter Tisch mit selbstgemachten Bagels, frisch gepressten Säften, knusprigem Müsli, cremigen Aufstrichen, verschiedenen Marmeladen, Waffeln oder Eierspeisen lässt mein Herz höher schlagen.

Mal ehrlich, was gibt es Schöneres als an einem verregneten Sonntagmorgen mit guten Freunden bis in die Mittagsstunden gemütlich am Tisch zu sitzen und es sich so richtig gut gehen zu lassen? Geschichten erzählen, viel zu viel Essen, gemeinsam in Erinnerungen schwelgen und bei unzähligen Tassen Kaffee und Tee die Zeit vergessen. So ein Brunch ist für mich nicht nur ein kulinarisches Highlight, sondern fast schon wie ein kleiner Kurzurlaub für die Seele.

Wenn ihr mich fragt, lebt ein Brunch von seiner Vielfalt, denn während wir uns beim Mittagessen und bei Dinnerpartys gerne an strikte Menüfolgen halten, ist beim extralangen Frühstück quasi alles erlaubt. Ob süß oder salzig, warm oder kalt, Kuchen oder Rührei, ob Pancakes oder Quiche – hier kommt jeder auf seine Kosten. Die Auswahl der einzelnen Komponenten versuche ich so abwechslungsreich wie möglich zu gestalten.

DAS SIEHT DANN ZUM BEISPIEL SO AUS:

frisch gebackene Bagels oder Brot
eine kleine Auswahl an verschieden Aufstrichen und Marmeladen
ein selbstgemachtes Bircher oder Knuspermüsli, dazu etwas Joghurt und Obst
ein leckerer Kuchen, Zimtschnecken oder Muffins
eine Eierspeise (zum Beispiel Rührei, Shakshuka, Frittata oder ganz klassisch wachsweiche Eier)
eine kleine Auswahl an Käse, Graved Lachs, luftgetrockneter Salami und Schinken
eine pikante Tarte oder Mini-Quiches
ein paar Schälchen mit Cherrytomaten und Gemüsesticks
ein bisschen Antipasti (gerne auch gekauft)
frisch gepresste Säfte, aromatisiertes Wasser oder eine selbstgemachte Limonade
reichlich Kaffee, Tee und Prosecco

Trotz der vielen kleinen und größeren Komponenten, die einen Bruch so besonders machen, muss die Vorbereitung nicht zwingend in Stress ausarten. Eine gute Planung ist auch hier das A & O. Bircher Müsli, Kuchen, Quiche, Aufstriche & Co können bequem am Vortag vorbereitet werden, Knuspermüslis und selbstgemachte Marmeladen bereits mehrere Tage im Voraus. Bagels können vorgebacken und eingefroren werden und kurz vor dem Eintreffen der Gäste ofenfrisch aufgebacken werden.

NEW YORK BAGELS

Wer behauptet, dass Bagels nur schnöde Brötchen mit einem Loch in der Mitte wären, hat vermutlich noch nie welche probiert! Vor dem Backen nehmen die kleinen Teiglinge nämlich noch ein kurzes Wasserbad und bekommen dadurch eine ganz besondere Konsistenz. Ob ganz puristisch, mit Mohn oder Sesam, mit Dukkah oder Kräutern bestreut, Bagels schmecken einfach immer fantastisch! Am besten (wie ich finde) mit einer dicken Schicht selbstgemachtem Ananas-Frischkäse!

ZUBEREITUNGSZEIT:
ca. 30 Minuten
GEHZEIT:
1 Stunde 10 Minuten
BACKZEIT:
ca. 20 Minuten

FÜR 16 BAGELS

700 ml warmes Wasser
4 TL Trockenhefe
3 EL Zucker
1 kg Weizenmehl
3 TL Salz

AUSSERDEM

1 TL Öl
1 Ei
etwas Milch
Toppings nach Wahl

In eine kleine Schüssel 250 ml warmes Wasser, die Hefe und den Zucker geben. Etwa 15 Minuten ruhen lassen, danach gut verrühren, bis sich der Zucker und die Hefe mit dem Wasser vermischt haben.
Das Mehl mit dem Salz in einer großen Schüssel vermischen. Mit der Faust eine kleine Mulde in das Mehl drücken und die Hefe-Zucker-Mischung hineingeben. Drei Viertel des restlichen Wassers dazugeben und alles mit feuchten Händen oder dem Knethaken eines Rührgerätes gut verkneten. Das restliche Wasser nach und nach dazugeben und etwa 5–8 Minuten kneten, bis ein elastischer, leicht feuchter Teig entsteht.
Den Teig mit dem Öl benetzen, in eine große Schüssel geben und abgedeckt etwa eine Stunde gehen lassen. Mit der Hand vorsichtig die Luft aus dem Teig drücken und in 16 Stücke teilen.
Jedes Stück mit bemehlten Händen zu einer Kugel formen. Die Kugeln mit der flachen Hand ganz leicht plattdrücken und mit dem Zeigefinger vorsichtig ein Loch in die Mitte drücken. Nun das Loch mit den Fingern etwas weiten und den Vorgang mit den restlichen Teigkugeln wiederholen.
Die Bagels auf ein mit Backpapier ausgelegtes Blech legen (jeweils 8 Bagels pro Blech) und unter einem feuchten Küchentuch weitere 10 Minuten gehen lassen.
In der Zwischenzeit den Ofen auf 200 °C Ober-/Unterhitze vorheizen und in einem großen Topf etwa 2 l Wasser zum Kochen bringen. Sobald das Wasser kocht, die Temperatur etwas herunterdrehen und je nach Größe des Topfes jeweils 2–3 Bagels in das heiße Wasser geben.
Die Bagels von beiden Seiten jeweils eine Minute im Wasser ziehen lassen, mit einer Schöpfkelle aus dem Wasser holen, gut abtropfen lassen und auf das Backblech setzen. Möchte man die Bagels vor dem Backen noch mit einem oder mehreren Toppings bestreuen, das Ei kurz in einem Schälchen mit einem Schluck Milch aufschlagen, die Bageloberfläche damit bepinseln und mit dem gewünschten Topping bestreuen. Danach die Bagels im vorgeheizten Ofen etwa 20 Minuten goldbraun backen. Vor dem Servieren etwas auskühlen lassen und am besten mit ganz viel Frischkäse genießen!

Enis Geheimtipp:

Bagels eignen sich super zum Einfrieren, deshalb am besten schon ein paar Tage vorher zubereiten, nach dem Backen kurz auskühlen lassen und ab damit in den Gefrierschrank! Nach dem Auftauen einfach kurz im Ofen aufbacken und am besten warm servieren!

VIER LECKERE AUFSTRICHE, DIE BEI KEINEM BRUNCH FEHLEN SOLLTEN

Ich kann bei einem Frühstück auf so gut wie alles verzichten – auf Wurst, auf Käse, auf Marmelade, auf Honig –, aber niemals auf Aufstriche. Ich bin geradezu besessen von Aufstrichen und schneide mein Brot in weiser Voraussicht immer extra dünn, damit ich so viel wie möglich davon essen kann. Im Grunde könnte ich vermutlich ein ganzes Buch mit Aufstrichrezepten aller Art füllen (vielleicht mache ich das auch noch!), aber bis dahin gebe ich euch gerne meine Favoriten an die Hand. Am besten schmecken sie meiner Meinung nach auf frisch gebackenen Bagels!

ANANAS-BASILIKUM-FRISCHKÄSE

ZUBEREITUNGSZEIT:
ca. 15 Minuten

FÜR 4–6 PERSONEN
250 g Frischkäse
100 g frische, reife Ananas
2 kleine Knoblauchzehen
eine Handvoll (etwa 15) Basilikumblätter
1 Spritzer Zitronensaft
Salz und Pfeffer

Den Frischkäse in eine mittelgroße Schüssel geben und mit einem großen Löffel glattrühren.
Die Ananas schälen, vom Strunk befreien und 100 g vom Fruchtfleisch in sehr kleine Stückchen schneiden. Die Knoblauchzehen ebenfalls schälen und durch eine Knoblauchpresse drücken, die Basilikumblätter fein hacken.
Ananas, Knoblauch und Basilikumblätter zum Frischkäse geben, einen Spritzer Zitronensaft dazugeben, mit etwas Salz und Pfeffer würzen und alles gut vermengen.

AVOCADO-EIERSALAT

ZUBEREITUNGSZEIT:
ca. 15 Minuten

FÜR 4–6 PERSONEN
2 mittelgroße, reife Avocados
6 hartgekochte Eier
½ Bund Schnittlauch
2 EL Crème fraîche oder Mayonnaise
1 TL Senf
1 TL Olivenöl
1 TL Zitronensaft
Salz und Pfeffer

Die Avocados halbieren, entkernen und das Fruchtfleisch mit einem Löffel aus der Schale lösen. Die hartgekochten Eier schälen und in kleine Stücke schneiden, den Schnittlauch in Ringe schneiden.
Die Avocados in eine Schüssel geben und mit einer Gabel gut zerdrücken. Die Crème fraîche, den Senf, das Olivenöl, den Zitronensaft sowie etwas Salz und Pfeffer dazugeben und mit einem Löffel glattrühren.
Die Eier und den Schnittlauch dazugeben und gut vermischen.

LACHS-MEERRETTICH-DIP

ZUBEREITUNGSZEIT:
ca. 15 Minuten

FÜR 4–6 PERSONEN
150 g Räucher- oder Graved Lachs
2 Frühlingszwiebeln
150 g Frischkäse
100 g Crème fraîche
3 EL Sahnemeerrettich
Abrieb einer halben Limette
2 TL Limettensaft
Salz und Pfeffer

Den Lachs in dünne Streifen schneiden. Die Frühlingszwiebeln putzen, vom Strunk entfernen und in feine Ringe schneiden. Den Frischkäse, die Crème fraîche, den Sahnemeerrettich, den Abrieb und den Saft der Limette in eine Schüssel geben und glattrühren. Den Lachs und die Frühlingszwiebeln dazugeben und alles gut vermischen. Zuletzt mit Salz und Pfeffer würzen und abschmecken.

TOMATEN-FETA-DIP

mit Pinienkernen

ZUBEREITUNGSZEIT:
ca. 15 Minuten

FÜR 4–6 PERSONEN
150 g Frischkäse
100 g Feta
70 g getrocknete, eingelegte Tomaten
10 Cherrytomaten
1 kleine Knoblauchzehe
1 TL Zitronensaft
1 TL rosenscharfes Paprikapulver
Salz und Pfeffer
1 Stängel Rosmarin
1 Handvoll Basilikumblätter
50 g Pinienkerne

Alle Zutaten bis auf die Kräuter und die Pinienkerne in einen Mixer geben und auf höchster Geschwindigkeit etwa 30–60 Sekunden pürieren. (Alternativ geht es auch mit einem Pürierstab.)
Den Aufstrich in eine Schüssel umfüllen. Rosmarin- und Basilikumblätter fein hacken und dazugeben.
Die Pinienkerne in einer heißen Pfanne etwa 3–5 Minuten goldbraun anrösten und den Tomaten-Feta-Dip damit bestreuen.

SCHOKO-HASEL-NUSS-BABKA

Als Kind verbrachte ich fast jede Ferien bei meinen Großeltern in Budapest! Eine meiner schönsten Erinnerungen an diese Zeit war das allmorgendliche Frühstück mit meinen Großeltern. Jeden Morgen brachte mir mein Opa frische, noch ofenwarme Kakaoschnecken aus der kleinen Bäckerei um die Ecke, und wenn ich ganz lieb fragte, durfte ich sie als besonderes Highlight manchmal sogar im Bett essen. Das Innere der Schnecke mochte ich übrigens besonders gern – und daran ist auch das Rezept für diesen Zopf angelehnt: fluffig-weicher Hefeteig mit ganz viel schokoladiger Nussnugatcreme!

ZUBEREITUNGSZEIT:
25 Minuten
GEHZEIT:
ca. 40 Minuten
BACKZEIT:
30–35 Minuten

FÜR EINE BABKA

TEIG
250 ml lauwarme Milch
70 g Zucker
1 Päckchen Trockenhefe
500 g Mehl
½ TL Salz
1 Ei
80 g weiche Butter

FÜLLUNG
8 gehäufte Esslöffel Nussnugatcreme
1 Prise Salz
100 g grob gehackte Haselnüsse

Die lauwarme Milch zusammen mit dem Zucker und der Hefe in eine kleine Schüssel geben, verrühren und etwa 10 Minuten ruhen lassen.
Das Mehl und das Salz in eine große Schüssel geben und vermischen. Die Milchmischung, das Ei und die weiche Butter mit den Händen oder dem Knethaken eines Handrührgerätes 5–7 Minuten kneten, bis ein glatter, elastischer Teig entsteht. Sollte der Teig zu klebrig sein, noch 1–2 EL Mehl hinzugeben.
Den Teig zu einer Kugel formen und an einem warmen Ort zugedeckt etwa 30 Minuten gehen lassen.
Die Luft aus dem Teig drücken, alles nochmals kurz durchkneten, auf einer bemehlten Backunterlage mit den Händen zu einem Rechteck formen und großflächig ausrollen.
Den ausgerollten Teig großzügig mit der Nussnugatcreme bestreichen, mit einer Prise Salz und den gehackten Haselnüssen bestreuen und von der Längsseite eng aufrollen.
Die Rolle mit einem scharfen Messer längs halbieren und die beiden Hälften zu einem Zopf flechten. Die Enden der Rolle leicht aneinanderdrücken und den Zopf in eine gefettete Kastenform legen. (Der Teig reicht entweder für eine große oder zwei kleine Kastenformen.)
Den Ofen auf 180 °C Ober-/Unterhitze vorheizen und die Babka etwa 30–35 Minuten backen. Die Babka in der Form ein paar Minuten auskühlen lassen und am besten noch lauwarm servieren.

CARROT CAKE BIRCHER

Wenn ihr mich fragt, darf ein ordentliches Birchermüsli auf keiner Frühstückstafel fehlen! Ob ganz puristisch mit geriebenen Äpfeln, mit frischen oder eingekochten Beeren oder wie hier im Carrot-Cake-Style mit knackigen Nüssen, wärmenden Gewürzen und Orangenaroma – Birchermüsli ist nicht nur gesund, sondern auch noch ziemlich lecker! Wenn ich zum Brunch oder zum Frühstück einlade, bereite ich mein Bircher immer schon am Vorabend zu, so hat es am nächsten Tag die perfekte Konsistenz und spart mir dazu noch jede Menge Vorbereitungsstress!

ZUBEREITUNGSZEIT:
ca. 10 Minuten
ZIEHZEIT:
über Nacht

FÜR 4–6 PERSONEN

60 g Walnüsse und zusätzlich zum Servieren
60 g Haselnüsse und zusätzlich zum Servieren
30 g Pistazien und zusätzlich zum Servieren
300 g kernige Haferflocken
5 EL Chia- oder Leinsamen
2 TL Zimt
1 Prise Kardamom
1 Prise Muskatnuss
Schalenabrieb einer kleinen Orange
375 ml Milch
500 g griechischer Joghurt
5–6 EL Ahornsirup
3 EL Karottensaft
Mark einer Vanilleschote
1 kleine Karotte

Die Nüsse hacken. In einer großen Schüssel die Haferflocken, die Chiasamen, die Nüsse, den Zimt, den Kardamom, die Muskatnuss und die Orangenschale vermischen.
Die Milch, den Joghurt, den Ahornsirup, den Karottensaft und das ausgekratzte Mark einer Vanilleschote dazugeben und alles gut verrühren.
Das Birchermüsli mit Frischhaltefolie gut abdecken und über Nacht im Kühlschrank quellen lassen.
Am nächsten Tag gegebenenfalls mit etwas mehr Ahornsirup und Zimt abschmecken. Die Karotte raspeln und die Nüsse zum Servieren hacken. Mit Karotte und Nüssen servieren.

Enis Geheimtipp:

Das Birchermüsli sollte man vor dem Servieren unbedingt nochmal gut abschmecken und nachwürzen, damit die Carrot-Cake-Aromen richtig zur Geltung kommen!

SHAKSHUKA

mit Süßkartoffeln & Feta-Dattel-Creme

Fein geschnittene Zwiebeln, jede Menge Knoblauch und Paprika in einer scharfen Tomatensauce, mittendrin sanft gegarte Eier – das israelische Pfannen-Frühstück Shakshuka gehört auf meiner Brunch-Hitliste ganz nach oben. In Kombination mit cremigen Süßkartoffelwürfeln, frischen Kräutern und getoppt mit einer sagenhaften Feta-Dattel-Creme schmeckt sie einfach unschlagbar! Am liebsten serviere ich meine Shakshuka direkt in der Pfanne und reiche dazu ein frisches Fladenbrot! Wer es nicht gern scharf mag, lässt die Harissa einfach weg!

ZUBEREITUNGSZEIT:
ca. 30 Minuten
KOCHZEIT:
30 Minuten

FÜR 4–6 PERSONEN

1 Zwiebel
3 Knoblauchzehen
1 cm Ingwer
5 große Tomaten
2 rote Spitzpaprika
400 g Süßkartoffeln
2 EL Pflanzenöl
1 TL Paprikapulver
1 TL Kümmelpulver
½ TL Kreuzkümmel
1 TL Oregano
1 EL Tomatenmark
700 g passierte Tomaten
1 TL Harissapaste oder -gewürz
2 TL Gemüsebrühepulver
1 EL Honig
Saft einer halben Limette
optional: 1 EL Tahin (Sesammus)
etwas Wasser
Salz und Pfeffer
4 Eier
½ Bund Petersilie
½ Bund Koriander
¼ Bund Minze
schwarzer Sesam zum Bestreuen

Den Ofen auf 180 °C Ober-/ Unterhitze vorheizen.
Die Zwiebel, den Knoblauch und den Ingwer schälen und fein würfeln. Die Tomaten würfeln und die Paprika in dünne Streifen schneiden.
Die Süßkartoffeln schälen und würfeln. In einem Topf mit heißem Wasser etwa 20–25 Minuten weichgaren.
2 EL Pflanzenöl in eine ofenfeste Pfanne geben und die Zwiebeln, den Knoblauch, den Ingwer und die Paprika auf mittlerer Hitze etwa 5–7 Minuten unter Rühren glasig braten.
Paprikapulver, Kümmel, Kreuzkümmel und Oregano dazugeben und kurz mitbraten.
Die Tomatenwürfel, das Tomatenmark, die passierten Tomaten und die Harissapaste dazugeben und alles gut verrühren.
Das Brühepulver, den Honig, den Limettensaft und optional 2 TL Tahin dazugeben, kurz durchrühren und etwa 15 Minuten bei niedriger bis mittlerer Hitze köcheln. Sollte die Tomatenmasse zu dickflüssig sein, immer wieder mit etwas Wasser auffüllen.
Die Süßkartoffeln abgießen, abtropfen lassen und in die Pfanne geben. Alles verrühren und mit Salz, Pfeffer und nach Belieben mit etwas mehr von den Gewürzen abschmecken. Mit einem Kochlöffel vier Mulden in die Tomatenmasse drücken.
Die Eier einzeln in ein kleines Glas geben und vorsichtig in die Mulden gleiten lassen.
Die Pfanne in den Ofen geben und etwa 10 Minuten backen bzw. bis die Eier gestockt sind.

>>>

FÜR DIE FETA-DATTEL-CREME

1 Knoblauchzehe
100 g Feta
7 Datteln (entkernt)
100 g griechischer Joghurt oder Schmand
Abrieb einer Limette
Salz und Pfeffer

In der Zwischenzeit die Knoblauchzehe schälen. Den Feta, die Datteln und die Knoblauchzehe grob hacken, mit dem Joghurt und dem Limettenabrieb in einen Mixer geben und auf höchster Stufe pürieren. Mit Salz und Pfeffer abschmecken.
Die Petersilie, den Koriander und die Minze fein hacken.
Die Pfanne aus dem Ofen nehmen, mit schwarzem Sesam und den Kräutern bestreuen und mit der Dattel-Feta-Creme servieren.
Dazu passt Fladenbrot oder frisches Naan-Brot.

Enis Geheimtipp:

Die Shakshuka-Basissauce kann man bereits bequem am Vortag vorbereiten und im Kühlschrank aufbewahren. Am nächsten Tag muss man sie nur noch kurz erhitzen und die Eier dazugeben – einfacher geht es kaum!
Wer mag, kann die Sauce auch ganz easy mit ein paar Spiegeleiern toppen.

New Roots

HONIG-NUSS-KNUSPERMÜSLI

mit Schokolade

Wer Knuspermüsli einmal selbst gemacht hat, blickt nie wieder zurück, denn zwischen der DIY-Variante und der gekauften Supermarkt-Version herrscht ein Unterschied wie Tag und Nacht. Dabei macht die Herstellung des eigenen Knuspermüslis nicht nur Spaß, es lässt auch jede Menge Freiheit für die tollsten Kreationen. In dieser Variante habe ich Haferflocken, verschiedene Nüsse und Honig gemischt und nach dem Auskühlen noch ein paar Schokostückchen in die Runde geworfen. Schmeckt fantastisch zu Joghurt, Obstsalat oder einfach nur pur aus dem Glas genascht und ist ein perfektes Mitbringsel zu Frühstückseinladungen!

ZUBEREITUNGSZEIT:
ca. 10 Minuten
BACKZEIT:
20–25 Minuten

FÜR 4–6 PERSONEN
500 g kernige Haferflocken
5 EL Kokos- oder Rapsöl
5 EL Honig oder Ahornsirup
75 g Erdnüsse
100 g Mandeln
50 g Pekannüsse
50 Haselnüsse
1 TL Zimt
1 Prise Salz
Cranberrys oder dunkle Schokolade in Stückchen zum Servieren

Den Ofen auf 160 °C vorheizen.
Alle Zutaten in eine große Rührschüssel geben und gut vermischen.
Ein Backblech mit Backpapier auslegen, die Mischung darauf verteilen und ca. 20–25 Minuten auf mittlerer Schiene backen.
Das Müsli aus dem Ofen nehmen und vollständig auskühlen lassen.
Wer mag, kann noch Cranberrys oder dunkle Schokostückchen dazugeben.
In einem luftdichten Glas hält sich das Müsli etwa 2 Wochen.

FRENCH TOAST STICKS

mit Zimtzucker

Schnell, einfach und unheimlich lecker! French Toast ist quasi das amerikanische Pendant zum Armen Ritter. Für das süße Frühstück werden altbackene Toastscheiben in gesüßte Eiermilch getaucht und in der Pfanne goldbraun gebraten. In Streifen geschnitten lässt sich das Brot nicht nur besser ausbacken, sondern eignet sich auch perfekt, um in Ahornsirup, Honig oder heiße Himbeeren gedippt zu werden. Besonders lecker schmecken die Sticks übrigens, wenn sie nach dem Ausbacken in etwas Zimtzucker gewälzt werden!

ZUBEREITUNGSZEIT:
ca. 15 Minuten

FÜR 6 PERSONEN

8 große Scheiben Toastbrot
4 Eier (Gr. L)
5 EL Sahne
1 Päckchen Bourbon-Vanillezucker
1 Prise Salz
Butter zum Ausbacken
Zimtzucker zum Wenden

Jede Toastscheibe in jeweils vier gleich große Streifen schneiden.
In einem tiefen Teller Eier mit Sahne, Vanillezucker und einer Prise Salz verquirlen.
Die Toaststreifen von beiden Seiten in die Eiermischung tauchen.
In einer großen Pfanne 2 EL Butter erhitzen und die Toaststreifen mit etwas Abstand nebeneinander in die Pfanne geben. Von beiden Seiten goldbraun backen und den Vorgang für die restlichen Toaststreifen wiederholen.
Den Zimtzucker auf einen Teller geben und die noch heißen Streifen sofort darin wenden.
Dazu passen frische Beeren, Apfelkompott, Sahne oder Rote Grütze!

Enis Geheimtipp:

Wer es lieber herzhaft mag, kann die Brot-Sticks auch ganz puristisch in aufgeschlagenem Ei wenden und anschließend ausbacken. In etwas Guacamole gedippt schmecken sie ganz besonders lecker!

FRITTATA

mit Tomaten, Spinat, Champignons und Büffelmozzarella

Ob Rührei, Spiegelei oder Omelette, bei einem guten Brunch dürfen Eier auf keinen Fall fehlen! Frittata ist ein italienischer Eierkuchen mit vielen leckeren Toppings, der sich ganz entspannt im Backofen zubereiten lässt. Für diese Variante habe ich Tomaten, Spinat, Pilze und Büffelmozzarella verwendet, aber auch Süßkartoffelwürfelchen, Bacon, Spargel, Erbsen oder Ziegenkäse passen ganz fantastisch, falls ihr mal Lust bekommt, ein bisschen zu variieren (oder noch ein paar Reste zu verwerten!). Am besten direkt in der Pfanne mit ganz viel frischem Baguette servieren!

ZUBEREITUNGSZEIT:
ca. 15 Minuten
KOCHZEIT:
ca. 20 Minuten

FÜR 6 PERSONEN
2 Knoblauchzehen
250 g Champignons
250 g Babyspinat
250 g Cherrytomaten
2 EL Pflanzenöl
Salz und Pfeffer
1 TL Ahornsirup oder Honig
2 EL Butter
8 Eier (Gr. L)
50 ml Milch
10 Kugeln Mini-Büffelmozzarella
Basilikum zum Bestreuen

Den Backofen auf 200 °C Ober-/Unterhitze vorheizen.
Den Knoblauch schälen und fein reiben.
Die Pilze putzen und in Scheiben schneiden, die Spinatblätter verlesen und ebenfalls kurz waschen, die Tomaten halbieren.
In einer großen gusseisernen Pfanne 2 EL Öl erhitzen und zunächst die Champignons anbraten, bis sie leicht braun sind. Mit Salz und Pfeffer würzen und mit 1 TL Ahornsirup karamellisieren.
Den Spinat und den Knoblauch dazugeben und kurz mitbraten.
Das Gemüse aus der Pfanne nehmen und 2 EL Butter in der Pfanne schmelzen.
In einer Rührschüssel die Eier aufschlagen und gut mit der Milch verquirlen. Die Eier mit Salz und Pfeffer würzen und in die Pfanne geben. Zuerst das gebratene Gemüse, dann die halbierten Tomaten darüber verteilen.
Die Mischung bei mittlerer Hitze etwa 3–4 Minuten leicht stocken lassen und anschließend für 10 Minuten im Ofen backen.
Die Frittata aus dem Ofen nehmen, die Mozzarellakugeln darauf verteilen und nochmals für ca. 5 Minuten weiterbacken.
Die Frittata vor dem Servieren mit Basilikumblättern bestreuen.

FRÜHSTÜCKSPIZZA

mit Avocado & Ei

Zeit für ein Geständnis: Ich mag keine Pizza! Bevor ihr mich jetzt für völlig verrückt erklärt, muss ich aber schnell etwas zurückrudern, meine Aversion gegen den Italo-Klassiker beschränkt sich nämlich lediglich auf die Tomatenvariante! Gegen eine leckere Pizza Bianca mit Ricotta- oder Crème-fraîche-Basis habe ich dagegen absolut nichts einzuwenden – im Gegenteil! Ich mag sie sogar so sehr, dass ich sie schon zum Frühstück auf den Tisch bringe!

ZUBEREITUNGSZEIT:
ca. 15 Minuten
GEHZEIT:
1 Stunde
BACKZEIT:
ca. 20 Minuten

FÜR 1 GROSSE PIZZA

TEIG

1 Würfel frische Hefe
250 ml lauwarmes Wasser
2 EL flüssiger Honig
500 g Weizen- oder Pizzamehl (Type 00)
1 TL Salz
2 EL Olivenöl

BELAG

1 Knoblauchzehe
250 g Crème fraîche
Salz und Pfeffer
8 Cherrytomaten
1 Frühlingszwiebel
100 g geriebener Käse (z.B. Gouda)
3 Eier (Gr. M)
½ Packung Bacon
½ Avocado
ein Spritzer Limettensaft
Chiliflocken

Die Hefe mit dem lauwarmen Wasser und dem Honig vermischen und an einem warmen Ort kurz gehen lassen. Das Mehl mit dem Salz verrühren, die Hefemischung und das Öl hinzugeben und einige Minuten kneten, bis ein elastischer Teig entsteht.
Den Teig zu einer Kugel formen, mit Öl benetzen und etwa 1 Stunde zugedeckt an einem warmen Ort gehen lassen.
Den Backofen auf 200 °C Ober-/Unterhitze vorheizen.
In der Zwischenzeit den Knoblauch schälen, reiben und mit der Crème fraîche vermischen. Die Creme salzen und pfeffern und beiseitestellen. Die Cherrytomaten waschen und halbieren.
Die Frühlingszwiebel putzen und in dünne Ringe schneiden.
Den Teig nochmals kurz durchkneten, auf einer bemehlten Oberfläche zu einem Oval ausrollen und auf ein mit Backpapier belegtes Backblech legen. Den Pizzaboden mit der Creme bestreichen und mit dem Käse bestreuen. Die Tomaten darauf verteilen und die Pizza etwa 15 Minuten im vorgeheizten Backofen backen.
Die Eier aufschlagen und einzeln in ein kleines Glas gleiten lassen.
Die Pizza aus dem Ofen nehmen, die Eier vorsichtig auf die Pizza setzen und die Pizza etwa 5–7 Minuten weiterbacken.
Den Bacon in einer Pfanne knusprig braten und in grobe Stückchen schneiden.
Die Avocado schälen und in Scheiben schneiden. Die Scheiben mit einem Spritzer Limettensaft beträufeln und mit etwas Salz und Pfeffer würzen.
Die fertige Pizza mit den Avocadostreifen und dem knusprigen Speck belegen, mit Pfeffer und nach Geschmack mit Chiliflocken bestreuen und mit den Frühlingszwiebeln dekorieren.

Enis Geheimtipp:

Für einen Hauch Hipster-Frühstücksdekadenz mit selbstgemachter Sauce Hollandaise servieren!
So, so lecker!

CINNAMON MONKEY BREAD

Monkey Bread ist echtes Frühstücks-Soul Food! Klitzekleine Hefebällchen werden dazu in geschmolzener Butter, Zucker und Zimt gewälzt und aufeinandergestapelt in einer Kuchenform ausgebacken. Die kleinen Kugeln schmecken wie fluffige Zimtschnecken-Häppchen und können am Tisch nach Lust und Laune abgezupft werden. Naschen ist hier also ausdrücklich erlaubt!

ZUBEREITUNGSZEIT:
ca. 40 Minuten
GEHZEIT:
2 Stunden
BACKZEIT:
35 Minuten

FÜR 4–6 PERSONEN

TEIG
- 240 ml lauwarme Milch
- 80 ml Wasser
- 1 Päckchen Trockenhefe
- 60 g Zucker
- 500 g Weizenmehl (Type 550)
- ½ TL Salz
- 40 g weiche Butter und etwas zum Fetten der Form
- 1 Päckchen Vanillezucker

AUSSERDEM
- 2–3 gestrichene TL Zimt
- 180 g brauner Zucker
- 125 g Butter
- etwas Puderzucker

Die Milch und das Wasser mit der Hefe und dem Zucker verrühren und etwa 10 Minuten an einem warmen Ort gehen lassen.
Das Mehl mit dem Salz in eine Schüssel geben, die Hefemischung, die weiche Butter und den Vanillezucker dazugeben und gut verkneten. Den Teig abgedeckt an einem warmen Ort etwa eine Stunde gehen lassen.
In der Zwischenzeit den Ofen auf 175 °C Ober-/Unterhitze vorheizen und eine Gugelhupf-Form mit reichlich Butter ausfetten.
Den Teig mit der Hand etwas flachdrücken, auf einer bemehlten Oberfläche zu einem großflächigen Rechteck ausrollen und mit einem scharfen Messer viele kleine Quadrate (etwa 70) aus dem Teig schneiden.
Den Zimt mit dem braunen Zucker vermischen, die Butter schmelzen.
Jedes Teilchen zunächst in die geschmolzene Butter eintauchen und anschließend in der Zimtzuckermischung wälzen. Zu einem Bällchen formen.
Die Bällchen in die vorbereitete Gugelhupf-Form schichten und etwa 1 Stunde (alternativ auch über Nacht im Kühlschrank) zugedeckt gehen lassen.
Den Ofen auf 180 °C Ober-/Unterhitze vorheizen und den Teig ca. 35 Minuten lang backen.
Nach etwa 10 Minuten Auskühlzeit das Monkey Bread auf einen großen Teller stürzen und mit Puderzucker bestäuben.
Am besten lauwarm genießen.

ALLERLIEBSTE SONNTAGS-WAFFELN

Ich glaube, es gibt niemanden in unserer Familie, der keine Waffeln mag! Und obwohl ich für mein Leben gern mit Rezepten experimentiere und alten Klassikern einen modernen Touch verleihe, lasse ich von unseren Lieblingswaffeln konsequent die Finger. Die schmecken nämlich auch ohne viel Trara genauso wie sie sollen: buttrig, zart und einfach nur lecker. Zum Süßen des Teiges verwende ich ganz viel Vanillezucker (am liebsten selbstgemacht!), dadurch schmecken sie besonders fein!

ZUBEREITUNGSZEIT:
ca. 10 Minuten

FÜR 15 STÜCK

250 g sehr weiche Butter + bei Bedarf zum Fetten des Waffeleisens
45 g Zucker
5 Päckchen Vanillezucker
5 Bio Eier (Gr. L)
500 ml Vollmilch
500 g Mehl
1 Prise Salz
3 gehäufte TL Backpulver

In einer großen Rührschüssel die Butter, den Zucker und den Vanillezucker mit dem Rührgerät schaumig schlagen. Die Eier sowie die Milch nach und nach dazugeben und gut unterrühren. In einer weiteren Schüssel das Mehl, das Salz und das Backpulver vermischen und zu den flüssigen Zutaten geben. Mit dem Rührgerät so lange verrühren, bis sich keine Klümpchen mehr bilden.
Das Waffeleisen vorheizen, bei Bedarf fetten und jeweils eine kleine Schöpfkelle Teig auf das heiße Waffeleisen geben. Ca. 2–3 Minuten goldgelb backen und mit Puderzucker, frischen Beeren, Apfelmus oder Ahornsirup genießen.

Enis Geheimtipp:

Eine Waffelstation ist eine großartige Idee für einen Brunch, besonders wenn Kinder mit von der Partie sind! Den Teig kann man problemlos schon am Vortag vorbereiten und in einer hübschen Rührschüssel zusammen mit einem Waffeleisen am Buffet anrichten.
Daneben noch ein paar Schälchen mit verschiedenen Toppings, wie Chocolat Chips, Beeren, Zimtzucker, roter Grütze, Vanillesauce oder Ahornsirup, und jeder kann sich im Handumdrehen seine Lieblingswaffel zaubern!
Aber Vorsicht! Die Waffelstation sollte man gerade mit kleinen Kindern nicht unbeaufsichtigt lassen. Verbrennungsgefahr!
Die Menge der Waffeln bezieht sich übrigens auf klassische Herzwaffeln. Andere Waffelformen benötigen meist mehr Teig.

BANANA BREAD BAKED OATMEAL

Dass man aus Haferflocken geradezu magische Dinge zaubern kann, weiß man spätestens seit der Wiederentdeckung von Porridge und selbstgemachten Müsliriegeln. Dieser Haferflockenauflauf, der eigentlich eher an einen Kuchen erinnert, ist da definitiv keine Ausnahme. Mit Erdnussbutter, Bananen, wärmenden Gewürzen und knusprigen Nüssen ähnelt er ganz stark meinem heimlichen Kuchenliebling, dem Bananenbrot. Nur als gesündere Variante. Er schmeckt jedoch verboten lecker und darf hier inzwischen bei keinem Brunch mehr fehlen!

ZUBEREITUNGSZEIT:
ca. 15 Minuten
BACKZEIT:
30 Minuten

FÜR 4–6 PERSONEN

200 g kernige Haferflocken
2 TL Zimt
2 Msp. Kardamom
1 Prise Muskatnuss
½ TL Salz
50 g Walnüsse und etwas zum Bestreuen
50 g Pekannüsse und etwas zum Bestreuen
1 TL Backpulver
3 EL Butter
4 EL Honig oder brauner Zucker
1 EL Erdnussbutter
2 reife Bananen + 1 Banane für die Deko
1 Ei (Gr. M)
400 ml Milch
1 EL Zimtzucker

Den Backofen auf 180 °C Ober-/Unterhitze vorheizen.
In einer großen Schüssel die Haferflocken, die Gewürze, die Nüsse und das Backpulver vermischen.
Die Butter in einem kleinen Topf schmelzen, den Honig oder Zucker und die Erdnussbutter dazugeben und alles kurz erwärmen.
Die Bananen mit einer Gabel zu Mus zerdrücken, das Ei aufschlagen und dazugeben.
Nun die Milch, die Bananen-Ei-Mischung und die Butter-Honig-Mischung zu den Haferflocken geben und alles gut vermengen.
Die Masse in eine mittelgroße Auflaufform geben, die Banane längs halbieren und auf die Haferflocken legen. Mit etwas Zimtzucker und gehackten Nüssen bestreuen und im vorgeheizten Ofen 30 Minuten backen.
Dazu schmeckt griechischer Joghurt, Ahornsirup oder Vanilleeis.

DAS BUFFET IST ERÖFFNET – FINGERFOOD, DIPS, SALATE & CO.

Raffinierte Salate, köstliches Fingerfood und leckere Dips sind für mich der perfekte Auftakt zu einem entspannten Menü. Sie lassen sich in Ruhe zubereiten, können meist problemlos aufbewahrt werden und sind perfekt, um größere Runden satt zu kriegen.

In diesem Kapitel habe ich euch deshalb meine allerliebsten Vorspeisen- und Fingerfood-Rezepte zusammengestellt. Neben leckeren Salaten gibt es unter anderem klitzekleine Crostinis, herrliche Hummus-Varianten, herzhafte Kürbisquiche, softe Brezel-Bites und eine opulente Käseplatte zu entdecken.

Ganz nach Belieben könnt ihr euch einzelne Rezepte rauspicken und sie als Snack, kleines Amuse-Gueule oder als Vorspeise servieren oder gleich mehrere Gerichte zu einem bunten Buffet kombinieren. Viele der Gerichte eignen sich auch fantastisch als Mitbringsel, wenn man selbst zu Gast ist.

Salate sehen besonders hübsch aus, wenn sie in kleinen Gläschen serviert werden, für Bruschetta und Crostini eignen sich rustikale Holzplatten besonders gut. Werden Dips gereicht, finde ich es immer schön, einen großen Korb mit duftendem Baguette oder frischem Fladenbrot dazu zu reichen.

Alle Snacks, Dips und Salate, die ihr im Voraus vorbereitet, sollten in einem gut verschlossenen Behälter am besten im Kühlschrank aufbewahrt werden.

APRIKOSEN-PISTAZIEN-TABOULÉ

Einer meiner absoluten Favoriten aus der libanesischen Küche ist definitiv Taboulé, ein leichter Salat, der vorwiegend aus Couscous und vielen frischen, sehr fein gehackten Kräutern besteht! Neben Petersilie verwende ich dafür am liebsten frische Minze. Dazu kommen getrocknete Aprikosen und Pistazien sowie ein fruchtiges Orangen-Sesam-Dressing mit orientalischen Gewürzen. Ein echtes Geschmackserlebnis und eine hervorragende Beilage für ein orientalisches Menü!

ZUBEREITUNGSZEIT:
ca. 20 Minuten

FÜR 4–6 PERSONEN

TABOULÉ

250 g Instant-Couscous
250 ml Wasser oder Brühe
1 kleines Bund Petersilie
1 kleines Bund Minze
80 g Soft-Aprikosen
3 Frühlingszwiebeln
1 EL schwarzer Sesam
80 g Feta
80 g Pistazien

ORANGEN-SESAM-DRESSING

2 EL Olivenöl
1 EL geröstetes Sesamöl
1 EL Ahornsirup oder Honig
½ TL Kreuzkümmel
Saft und Abrieb einer Orange
Saft und Abrieb einer kleinen Limette
Salz und Pfeffer

Den Couscous in eine mittelgroße Schüssel geben. Mit der gleichen Menge kochendem Wasser oder heißer Brühe übergießen. Die Schüssel abdecken und den Couscous etwa 15 Minuten quellen lassen.
Den gequollenen Couscous mit einer Gabel auflockern und abkühlen lassen.
In der Zwischenzeit die Kräuter und die Aprikosen fein hacken, die Frühlingszwiebeln in Ringe schneiden.
Das Öl, den Ahornsirup oder Honig, den Kreuzkümmel, den Orangen- und Limettensaft, Salz und Pfeffer zu einem Dressing verrühren. Das Dressing zum Couscous geben und gut vermischen.
Nun die gehackten Kräuter, die Aprikosen, den schwarzen Sesam, den Feta, die Pistazien sowie die Orangen- und Limettenschale dazugeben und unterheben.

REISNUDELSALAT

mit Erdnussdip und Mango

Wer behauptet, dass Nudelsalat aus der Mode gekommen wäre, hat es wohl noch nie mit asiatischem Reisnudelsalat probiert! Reisnudeln haben eine geniale Konsistenz und in Kombination mit knackigem Gemüse, fruchtiger Mango und dem scharfen Dressing aus Erdnussbutter, Ingwer, Knoblauch, frischer Limette und würziger Sojasauce schmecken sie nahezu unwiderstehlich! Mit gebratenen Hähnchenstreifen, Tofu oder Lachs kann der Beilagensalat übrigens in Nullkommanichts auch zum Hauptgericht umfunktioniert werden – dann sollten die Mengenangaben allerdings verdoppelt werden!

ZUBEREITUNGSZEIT:
ca. 20 Minuten

FÜR 4–6 PERSONEN

250 g Reisnudeln
2 Karotten
1 Gurke
1 Mango
1 Avocado
2 Frühlingszwiebeln
1 Chilischote
etwas Koriander
2 EL weißer, gerösteter Sesam
1 EL schwarzer Sesam
3 EL Erdnüsse

ERDNUSSDIP

1–2 cm Ingwer
2 kleine Knoblauchzehen
6 gehäufte EL Erdnussbutter bzw. -mus
4 EL cremige Kokosmilch oder Sahne
2 TL geröstetes Sesamöl
3–4 TL Sojasauce
3 TL brauner Zucker oder Ahornsirup
Saft und Abrieb einer halben Limette

1,5 l Wasser im Wasserkocher aufkochen. Die Reisnudeln in einen großen Topf geben und mit dem heißen Wasser übergießen. Den Topf abdecken und die Nudeln etwa 10–15 Minuten „einweichen" lassen.
In der Zwischenzeit das Gemüse waschen und in Juliennestreifen schneiden, die Mango und die Avocado schälen und würfeln, die Frühlingszwiebeln putzen und in Ringe schneiden.
Die Chilischote in Ringe schneiden und den Koriander hacken.
In der Zwischenzeit den Erdnussdip zubereiten. Dafür den Ingwer und die Knoblauchzehen schälen und grob hacken. Alle Zutaten in einen Mixer geben und etwa 40–60 Sekunden cremig pürieren. Sollte die Sauce zu salzig sein, kann noch mehr Ahornsirup oder Kokosmilch dazugegeben werden. Wenn sie zu süßlich ist, etwas Sojasauce hinzugeben
Die Nudeln vorsichtig abgießen und mit kaltem Wasser abschrecken, bis sie ausgekühlt sind. Anschließend das Dressing dazugeben und alles gut vermischen.
Zuletzt das Gemüse dazugeben und unterheben. Mit der Avocado, der Mango, dem Sesam, den Erdnüssen, den Chiliringen und dem gehackten Koriander bestreuen und servieren.

PANZANELLA

mit Parmaschinken und Burrata

In Bella Italia ist Panzanella ein echter Klassiker! Obwohl er ursprünglich erfunden wurde, um Reste von altbackenem Brot zu verwerten, ist der rustikale Salat, der meist aus gerösteten Brotwürfeln, Tomaten, Zwiebeln, Olivenöl, Balsamico und Knoblauch hergestellt wird, inzwischen nicht mehr aus der italienischen Küche wegzudenken. Man kann ihn auf unterschiedlichste Weise abwandeln, indem man zum Beispiel Röstgemüse, Antipasti, Frutti di Mare, gegrilltes Fleisch, Obststücke oder auch Käse hinzugibt. Wichtig ist aber, dass das Brot mindestens vom Vortag stammt, ansonsten wird es durch Essig, Öl und die Feuchtigkeit der Tomaten schnell matschig. Ich serviere Panzanella am liebsten als Vorspeise zu einem italienischen Menü oder auch mal als Beilage zu gegrilltem Fisch oder Fleisch.

ZUBEREITUNGSZEIT:
ca. 30 Minuten

FÜR 4–6 PERSONEN

1 altbackenes Ciabatta
4 EL bestes Olivenöl
+ etwas zum Beträufeln
2 Knoblauchzehen
1 rote Zwiebel
150 g gelbe Cherrytomaten
4–5 große Ochsenherztomaten
Salz und Pfeffer
2 EL Balsamico
etwas Zitronenabrieb und -saft
2 TL rotes Pesto
2 TL brauner Zucker
frisches Basilikum
100 g Parmaschinken
1 Kugel Burrata
oder Büffelmozzarella-Kugeln
optional: Chiliflocken

Den Ofen auf 160 °C Ober-/Unterhitze vorheizen.
Das Brot würfeln, auf ein mit Backpapier ausgelegtes Blech legen, mit Olivenöl beträufeln und etwa 15–20 Minuten im Ofen rösten.
In der Zwischenzeit den Knoblauch schälen und fein reiben.
Die Zwiebel schälen und in Ringe schneiden.
Die Cherrytomaten halbieren, die Ochsenherztomaten achteln und beide Sorten in eine große Salatschüssel geben.
Die Tomaten mit Salz und Pfeffer würzen, den Knoblauch, die Zwiebel, 4 EL Olivenöl, den Balsamico, den Zitronensaft und -abrieb, das Pesto sowie den Zucker dazugeben und am besten mit den Händen gut durchmischen. Die Basilikumblätter mit den Fingern auseinanderzupfen und ebenfalls dazugeben.
Die Brotwürfel direkt vor dem Servieren dazugeben und gut mit den Tomaten vermischen.
Mit Parmaschinken-Stückchen und klein geschnittener Burrata oder Büffelmozzarella-Kugeln servieren. Auf Wunsch mit Chiliflocken bestreuen.

LIEBLINGS-LINSENSALAT

mit Süßkartoffeln, Haselnüssen, Trauben und Ziegenkäse

Auch wenn ich es mir heute kaum mehr vorstellen kann, als Kind habe ich Linsen gehasst! Mit einer ordentlichen Portion geräuchertem Fleisch serviert, waren sie mein persönlicher Alptraum! Zumindest, bis ich in einem Londoner Restaurant mein allererstes indisches Dal probiert und festgestellt habe, dass sie womöglich doch ganz lecker sein können. Seitdem habe ich mich todesmutig an zahlreiche (köstliche) Linsenexperimente gewagt und dieser Salat ist bis dato mein absoluter Favorit! Zarte Belugalinsen, ofengeröstete Süßkartoffeln, saftige Granatapfelkerne, Haselnüsse und Ziegenkäse, begleitet von einem fruchtigen Dressing – so habt ihr Linsen garantiert noch nicht gegessen!

ZUBEREITUNGSZEIT:
ca. 45 Minuten

FÜR 4–6 PERSONEN
1 mittelgroße Süßkartoffel
1 EL Olivenöl
jeweils 1 Prise Zimt, Kümmelpulver, Cayennepfeffer und Salz
250 g Belugalinsen
70 g Haselnüsse
100 g Granatapfelkerne
100 g weicher Ziegenkäse
etwas Koriander und Minze
1 EL schwarzer Sesam
einige weiße Trauben

APFEL-AHORNSIRUP-DRESSING
125 ml naturtrüber Apfelsaft
4 EL Olivenöl
2 EL Apfelessig
2 EL Ahornsirup
1 TL Dijonsenf
1 Prise Zimt
1 Prise Ras el-Hanout
1 Prise Kümmelpulver
½ TL Salz
etwas Pfeffer

Den Ofen auf 200 °C Ober-/Unterhitze vorheizen.
Die Süßkartoffel schälen und würfeln. In einer Schüssel mit dem Olivenöl und den Gewürzen vermischen und in einer ofenfesten Form etwa 15–20 Minuten im Ofen weichrösten.
Die Belugalinsen nach Packungsanweisung kochen, abgießen und mit viel kaltem Wasser abspülen.
Die Haselnüsse grob hacken und in einer Pfanne kurz anrösten, währenddessen das Dressing vorbereiten. Dafür alle Zutaten in ein Schüsselchen geben und mit einem Schneebesen gut verrühren.
Die Linsen in eine Servierschüssel geben, mit dem Dressing vermischen und etwa eine halbe Stunde durchziehen lassen.
Die Süßkartoffelwürfel, die Haselnüsse, die Granatapfelkerne, den zerbröselten Ziegenkäse sowie etwas fein gehackten Koriander und Minze dazugeben und vermischen.
Mit 1 EL schwarzen Sesam und halbierten Trauben bestreuen und am besten zu Fladenbrot servieren.

KNUSPRIGE BUFFALO-BLUMEN-KOHL-NUGGETS

mit Roquefort-Dip

Wer es nicht selbst versucht hat, wird es kaum glauben, aber diese feurig-knusprigen Buffalo-Blumenkohl-Nuggets stehen ihrem fleischigem Original in nichts nach! Veggie-Liebhaber können hier also bedenkenlos zugreifen. Stilecht serviert mit einem easy peasy Roquefort-Dip sind sie der perfekte Freitagabend-Snack zu einem eiskalten Bier!

ZUBEREITUNGSZEIT:
ca. 30 Minuten
BACKZEIT:
ca. 45 Minuten

FÜR 4–6 PERSONEN
1 mittelgroßer Blumenkohl
180 g Mehl
230 ml Milch
1 TL Salz
½ TL Pfeffer
2 TL Knoblauchpulver
2 TL Paprikapulver
50 g geschmolzene Butter
3–4 EL Barbecue-Sauce
Tabasco, Hot Sauce oder Sriracha nach Belieben
200 g Pankomehl

ROQUEFORT-DIP
100 g Roquefort
200 g Crème fraîche
50 ml Sahne
1 kleine Knoblauchzehe
1 TL Honig
2 Frühlingszwiebeln
ein Spritzer Zitronensaft
Salz und Pfeffer

Den Backofen auf 200 °C Ober-/Unterhitze vorheizen.
Den Blumenkohl vom Strunk befreien und die Röschen in mundgerechte Stücke schneiden.
In einer mittelgroßen Schüssel das Mehl mit der Milch und den Gewürzen zu einem dickflüssigen Teig verrühren.
Aus der geschmolzenen Butter, der Barbecue-Sauce und dem Tabasco eine dickflüssige Marinade anrühren.
Die Blumenkohlröschen zunächst einzeln mit Teig überziehen und großzügig in Pankomehl wenden.
Die Röschen auf einem mit Backpapier ausgelegten Backblech verteilen und im vorgeheizten Backofen insgesamt 40–45 Minuten backen.
Nach ca. 25 Minuten Backzeit die Blumenkohl-Nuggets aus dem Ofen nehmen und rundum mit der Barbecue-Marinade bepinseln, danach weitere 20 Minuten backen.
Für den Roquefort-Dip alle Zutaten in einen hohen Becher geben und kurz fein pürieren.
Die Blumenkohl-Häppchen auf einem großen Teller anrichten und mit dem Dip servieren.

KÜRBISQUICHE

mit Feta, Birnen und Salbei

Die Kombination aus gewürztem Kürbis, Birnen, Feta und Salbei ist einfach sensationell und hat bisher jeden Testesser überzeugt. Am besten schmeckt die Quiche übrigens, wenn sie komplett ausgekühlt ist!

ZUBEREITUNGSZEIT:
ca. 35 Minuten
BACKZEIT:
ca. 45 Minuten

FÜR 10–12 STÜCK

QUICHE
1 Packung Quicheteig (Kühlregal)
650 g Hokkaido-Kürbis
1 große Birne
3 Knoblauchzehen
3 EL Olivenöl
1 TL Kümmelpulver
½ TL Cayennepfeffer
Salz und Pfeffer
1 Prise Zimt

SAHNEGUSS
3 Eier (Gr. M)
150 ml Sahne
150 g Crème fraîche
75 g geriebener Gouda
125 g Feta
Salz und Pfeffer
1 TL Kümmelpulver
1 Prise Muskat
Nadeln von 2 Stängeln Rosmarin
50 g Pekannusskerne
15 Blätter Salbei

Den Ofen auf 200 °C Ober-/Unterhitze vorheizen und ein Backblech mit Backpapier auslegen.
Den Teig entrollen und in eine gefettete Springform legen, den Rand dabei gut andrücken und den überstehenden Teig an den Rändern mit einem Messer abschneiden.
Den Teigboden mehrmals mit einer Gabel einstechen und die Springform bis zur Weiterverwendung im Kühlschrank aufbewahren.
Den Kürbis halbieren, in Spalten schneiden, entkernen und würfeln.
Die Birne ebenfalls schälen, vom Kerngehäuse befreien und würfeln.
Den Knoblauch schälen und grob hacken.
Die Kürbiswürfel in eine Schüssel geben und mit 2 EL Olivenöl, der Hälfte des Knoblauchs, Kümmelpulver, Cayennepfeffer, Salz, Pfeffer und einer Prise Zimt gut vermischen.
Den marinierten Kürbis auf das Backblech geben und etwa 20 Minuten backen.
In der Zwischenzeit die Eier aufschlagen und mit der Sahne und der Crème fraîche verquirlen.
Den geriebenen Käse und den zerbröckelten Feta sowie die andere Hälfte des Knoblauchs dazugeben und die Eimasse mit Salz, Pfeffer, Kümmelpulver und etwas Muskatnuss würzen.
Den Rosmarin fein hacken und ebenfalls zu der Eimasse geben.
Die Kürbisstückchen mit den Birnenwürfeln auf den Teigboden geben und mit der Eimasse übergießen. Die Pekannusskerne sowie die Salbeiblätter darüber verteilen und im Ofen in etwa 25–30 Minuten goldbraun backen.
Die Quiche in Stücke schneiden und nach Belieben warm oder kalt servieren.

Enis Geheimtipp:

Der Kürbis in diesem Rezept kann problemlos durch Süßkartoffeln ersetzt werden, der Feta durch Gorgonzola. Besonders lecker schmeckt die Quiche zu einem grünen Salat oder einem Dip aus griechischem Joghurt, Salz, Pfeffer, Schnittlauch und etwas Limettensaft.

STROMBOLI „CAPRESE"

mit Pestocreme und Salsiccia

Stromboli ist die bessere Calzone. Punkt. Warum?
Ganz einfach: Gleiche Menge Pizzateig, aber doppelt so viel Füllung!
Im Inneren des Pizzastrudels verstecken sich übrigens eine köstliche Creme aus rotem Pesto & Ricotta sowie zarter Mozzarella, saftige Tomaten und würzige Salsiccia.

ZUBEREITUNGSZEIT:
ca. 20 Minuten
GEHZEIT:
1 Stunde 15 Minuten
BACKZEIT:
20 Minuten

FÜR 4–6 PERSONEN
300 ml lauwarmes Wasser
1 Päckchen Trockenhefe
2 EL Honig
550 g Weizenmehl
Salz
50 ml Olivenöl
2 große Tomaten
2 Kugeln Mozzarella
1 Knoblauchzehe
1 Handvoll Basilikum
4 frische Salsiccia-Würste
3 EL Olivenöl
2 EL rotes Pesto
100 g Crème fraîche
½ TL italienische Kräuter
Pfeffer
1 Eigelb zum Bestreichen

Das lauwarme Wasser mit der Hefe und dem Honig verrühren und etwa 15 Minuten ruhen lassen.
Das Mehl in eine Rührschüssel sieben, 2 TL Salz, das Olivenöl und die Hefe-Wassermischung hinzufügen und mit bemehlten Händen oder dem Knethaken eines Rührgerätes zu einem elastischen Teig verkneten. Zugedeckt etwa eine Stunde an einem warmen Ort gehen lassen, bis sich der Teig verdoppelt hat.
Den Ofen auf 200 °C Ober-/Unterhitze vorheizen und ein Backblech mit Backpapier auslegen. In der Zwischenzeit die Tomaten und den Mozzarella in dünne Scheiben schneiden. Den Knoblauch schälen und fein hacken. Die Basilikumblätter waschen, trockentupfen und ebenfalls fein hacken.
Die Salsiccia-Würste leicht einschneiden, das Brät aus der Pelle lösen und mit den Händen zu Kügelchen formen. In einer Pfanne in 2 EL Öl kurz scharf anbraten.
Das Pesto mit der Crème fraîche und dem Knoblauch verrühren und mit italienischen Kräutern sowie etwas Salz und Pfeffer würzen.
Den Teig zu einem Rechteck ausrollen und auf das mit Backpapier belegte Backblech legen. Die Füllung auf die Mitte des Teiges legen und von allen Seiten jeweils einen Rand von etwa 4–5 cm lassen.
Für die Füllung den Teig zuerst mit der Pestocreme bestreichen und dann abwechselnd mit dem Mozzarella und den Tomatenscheiben belegen und mit der Hälfte des Basilikums bestreuen.
Dann die Salsiccia-Kügelchen darüber verteilen und nochmals Tomaten und Mozzarella darüber schichten. Die Tomaten-Mozzarella-Schicht ebenfalls mit Basilikum bestreuen und mit 1 EL Olivenöl beträufeln.
Die Ränder seitlich einklappen, über die Füllung legen und gut andrücken.
Die Teigrolle einmal drehen; die Oberfläche schräg einschneiden und mit etwas Eigelb bestreichen.
Im vorgeheizten Backofen etwa 20 Minuten goldbraun backen.
Die Stromboli aus dem Ofen nehmen und vor dem Anschneiden etwa 5 Minuten ruhen lassen.

MINI-QUETSCH-KARTOFFELN

mit Cheddar, Bacon und Aioli

Zugegeben, die plattgedrückten Kartöffelchen sehen auf den ersten Blick vielleicht etwas merkwürdig aus, aber das Quetschen hat hier durchaus seine Berechtigung! Je flacher die Kartoffel, desto größer ist nämlich die Knusperfläche. Dass dabei zusätzlich noch Platz entsteht, um die Kartoffel mit ordentlich Kräuterbutter, Käse und Speck zu belegen, ist wohl ein glücklicher Zufall. Obwohl es doch eigentlich immer heißt, dass Zufälle gar nicht existieren ...

ZUBEREITUNGSZEIT:
ca. 30 Minuten
BACKZEIT:
ca. 25 Minuten

FÜR 4–6 PERSONEN
1 kg kleine Kartoffeln (Drillinge)
150 g Bacon/Frühstücksspeck
Aioli (Rezept S. 29)
Salz und Pfeffer
Knoblauchpulver
rosenscharfes Paprikapulver
3 EL Öl
70 g Kräuterbutter
100 g geriebener Cheddar

Einen Topf mit Wasser zum Kochen bringen. Die Kartoffeln hinzugeben und etwa 20–25 Minuten kochen, bis sie schön weich sind. Während die Kartoffeln kochen, den Ofen auf 230 °C Ober-/Unterhitze vorheizen. Den Bacon in einer Pfanne knusprig braten und leicht zerbröseln.
In der Zwischenzeit die Aioli herstellen.
Nun die Kartoffeln abgießen und kurz auskühlen lassen. Ein Backblech mit Backpapier auslegen.
Die Kartoffeln mit etwas Abstand auf das Backblech legen und mit der flachen (sauberen) Hand vorsichtig flachdrücken. (Wenn die Kartoffeln zu heiß sind, evtl. ein Küchenkrepp über die Kartoffeln legen.)
Die Kartoffeln mit Salz, Pfeffer, Knoblauch- und Paprikapulver bestreuen und mit Öl beträufeln. Im Ofen etwa 20–25 Minuten bzw. bis zur gewünschten Bräune backen.
Nach etwa 10 Minuten Backzeit die Kartoffeln aus dem Ofen nehmen und auf jede Kartoffel einen Klecks Kräuterbutter, ein paar Baconbrösel sowie geriebenen Cheddar geben und fertig backen.
Mit der Aioli servieren.

Enis Geheimtipp:

Für Vegetarier die Kartoffeln einfach ohne Bacon servieren. Für vegan lebende Gäste nach dem Backen Guacamole oder Hummus-Kleckse statt Butter und Käse daraufgeben.

DREIERLEI HUMMUS

Ob als eigenständige Vorspeise oder als Beilage zu gegrilltem Fleisch, Fisch und Gemüse – Hummus ist immer eine gute Idee. Die fluffige Kichererbsencreme, die man vorwiegend aus dem arabischen Raum kennt, ist im Handumdrehen zubereitet und lässt sich auf unzählige Arten variieren. Besonders lecker schmeckt sie zu frischem Fladenbrot, Crackern oder Gemüsesticks; ich serviere Hummus aber genauso gerne zu Köfte, Couscoussalat oder auch Shakshuka. Wer Kichererbsen nicht mag, kann es alternativ auch mit weißen Bohnen versuchen, diese haben eine ähnliche Konsistenz, sind aber im Geschmack etwas neutraler!

ZITRONIGES DATTEL-HUMMUS

ZUBEREITUNGSZEIT:
ca. 10 Minuten

FÜR 4–6 PERSONEN

3 Medjool-Datteln
400 g Kichererbsen (Dose)
1 große Knoblauchzehe
1–2 EL Tahin
(je nach Geschmack mehr oder weniger)
1 Schuss Olivenöl
1 EL dunkles Sesamöl
Abrieb einer Zitrone
½ TL Salz
1 Prise Pfeffer
½ TL Kreuzkümmel
1 TL Ras el-Hanout
Zitronensaft zum Abschmecken

Die Medjool-Datteln kurz in einer Tasse mit heißem Wasser einweichen, währenddessen die Kichererbsen abgießen, das Abtropfwasser dabei auffangen und zur Seite stellen. Die Datteln aus dem Wasser nehmen und kurz ausdrücken. Alle Zutaten in einen Mixer geben und auf höchster Stufe zunächst 20–30 Sekunden pürieren. Dabei immer wieder kurz die Konsistenz kontrollieren und bei Bedarf immer wieder vorsichtig etwas Kichererbsen-Lake hinzufügen, bis das Hummus die gewünschte Cremigkeit erreicht. Mit Zitronensaft abschmecken, evtl. nachwürzen und das Hummus in eine Schale oder ein Glas umfüllen.

AVOCADO-MINZ-HUMMUS

ZUBEREITUNGSZEIT:
ca. 10 Minuten

FÜR 4–6 PERSONEN
1 große Knoblauchzehe
200 g Weiße Riesenbohnen
1 Frühlingszwiebel
1 kleines Bund Minze
1 kleines Bund Petersilie
½ Avocado
2 EL Öl
Saft und Abrieb einer halben Limette
Salz und Pfeffer

Die Knoblauchzehe schälen. Die Bohnen abtropfen, dabei die Flüssigkeit auffangen. Die Frühlingszwiebel, die Minze, die Petersilie und die Knoblauchzehe grob zerhacken und mit den Bohnen, der Avocado, dem Öl, dem Limettensaft und dem Abrieb in einen Mixer geben und fein pürieren.
Nach und nach ein bisschen Bohnen-Lake dazugeben, bis die gewünschte Cremigkeit erreicht ist. Mit Salz und Pfeffer abschmecken.

SÜSSKARTOFFEL-HUMMUS

ZUBEREITUNGSZEIT:
ca. 15 Minuten
BACKZEIT:
25 Minuten

FÜR 4–6 PERSONEN

1 große Knoblauchzehe
300 g Süßkartoffel
1 EL Olivenöl + etwas zum Beträufeln
Salz und Pfeffer
1 TL Kreuzkümmelpulver
200 g Kichererbsen (Dose)
1 TL Paprikapulver
+ etwas zum Bestreuen
1 TL Ras el-Hanout
1–2 EL Zitronensaft
Abrieb einer halben Zitrone

Den Knoblauch schälen. Die Süßkartoffel schälen, grob würfeln und zusammen mit dem Knoblauch, dem Olivenöl, Salz und Pfeffer sowie dem Kreuzkümmel mischen und auf ein mit Backpapier ausgelegtes Backblech legen. Im vorgeheizten Ofen etwa 25 Minuten rösten, bis die Süßkartoffel weich ist.
Die Kichererbsen abtropfen, dabei die Flüssigkeit auffangen.
Alle Zutaten mit etwas Kichererbsen-Lake in einen Mixer geben und cremig mixen. Nach Bedarf noch langsam Kichererbsen-Lake einlaufen lassen, bis die gewünschte Cremigkeit erreicht ist.
Zum Servieren mit etwas Olivenöl beträufeln und mit Paprikapulver bestreuen.

Tipps und Tricks für die perfekte Konsistenz:

Am besten schmeckt Hummus, wenn es schön leicht und fluffig ist.
Aber, um ehrlich zu sein, ist der Grat zwischen fluffig und breiig relativ schmal, daher ist es immer ratsam, die Flüssigkeitsmenge anfangs vorsichtig zu dosieren und lieber nach und nach Flüssigkeit dazuzugeben.
Statt Mengen an Öl oder Wasser lieber das Abtropfwasser der Kichererbsen verwenden, um dem Hummus extra Geschmeidigkeit zu verleihen.
Vorsichtig mit Tahin! Je nach Sorte und Qualität kann Sesampaste ziemlich dominant und bitter schmecken, daher ist es ratsam, sich anfangs langsam heranzutasten und die Menge erst nach dem ersten Abschmecken bei Bedarf zu erhöhen. Falls man doch mal etwas zu viel erwischt, hilft ein Schuss Agavendicksaft oder Honig sowie ein Spritzer Zitronensaft, um den Geschmack auszutarieren.
Egal, ob ihr euer Hummus direkt serviert oder auf Vorrat macht, sollte man die fertige Creme immer mit etwas Öl beträufeln. Die Zugabe von Öl sorgt dafür, dass die Oberfläche länger glatt und geschmeidig bleibt und schützt das Hummus vor dem „Austrocknen".

LOADED NACHOS

mit Guacamole, Salsa und Queso

Diese Ruckizucki-Vorspeise ist der perfekte Auftakt für eine mexikanische Fiesta und sorgt bei meinen Freunden jedes Mal für Begeisterung. Eigentlich auch nicht überraschend, denn wenn Tortilla-Chips mit Guacamole, selbstgemachter Salsa und würziger Käsesauce aufeinandertreffen, kann das eigentlich nur verdammt lecker werden! Wer möchte, kann es auch als Beilage zu einer Schale mit feurigem Chili con Carne servieren!

ZUBEREITUNGSZEIT:
ca. 35 Minuten

FÜR 6 PERSONEN
1 Packung Tortilla-Chips

GUACAMOLE
4 reife Avocados
1 große rote Zwiebel
3 Knoblauchzehen
1 Handvoll Koriander
Saft einer Limette
optional: 1 kleine rote Chilischote
Salz und Pfeffer

Für die Guacamole die Avocados halbieren, entkernen, mit einem Löffel aus der Schale lösen, in eine Schüssel geben und mit einer Gabel gründlich zerdrücken.
Die Zwiebel, den Knoblauch und den Koriander sehr fein hacken und zu der Avocadocreme geben.
Den Limettensaft und nach Belieben die fein gehackte Chilischote dazugeben, mit Salz und Pfeffer würzen und alles gut vermischen.

>>>

TOMATENSALSA

1 kleine rote Zwiebel
2 Knoblauchzehen
350 g Cherrytomaten
40 ml passierte Tomaten
3 EL Olivenöl
Saft und Abrieb einer halben Limette
1 TL Zucker
1 Prise Cayennepfeffer
1 Prise Kreuzkümmelpulver
Salz und Pfeffer
1 Handvoll Petersilie oder Koriander

Für die Salsa die Zwiebel und den Knoblauch schälen. Die Tomaten, die Zwiebel und den Knoblauch grob hacken.
Zusammen mit den restlichen Zutaten (außer der Petersilie oder dem Koriander) in eine Schüssel geben und mit einem Pürierstab grob pürieren.
Gegebenenfalls nachwürzen und gehackte Kräuter dazugeben.

QUESO

250 g Cheddar-Scheibletten-Käse
80 ml Kondensmilch
50 ml Sahne
1 TL Harissapaste
1 TL Senf
1 Spritzer Zitronensaft
1 Prise Paprikapulver
optional: 1 TL gehackte Jalapeños

Für den Queso den Scheibletten-Käse klein schneiden und zusammen mit der Kondensmilch und der Sahne in einem kleinen Topf erhitzen. Der Käse soll nur schmelzen und nicht kochen.
Die Harissapaste, den Senf, den Zitronensaft und das Paprikapulver hinzugeben und gut verrühren.
Zum Servieren die Tortilla-Chips auf eine große Servierplatte geben und die Guacamole, die Tomatensalsa und die Käsesauce gleichmäßig darüber verteilen.
Wer möchte, kann auch noch Kidneybohnen, knusprigen Speck und ein paar TL Schmand darübergeben!

Enis Geheimtipp:

Besonders wichtig ist bei diesem Gericht, die Dips erst unmittelbar vor dem Servieren über die Chips zu geben! Diese werden ansonsten schnell matschig.

EINFACHE TOMATEN-BRUSCHETTA

Bruschetta ist meine allerliebste Vorspeise, stilecht mit ganz viel Knoblauch, sonnengereiften Tomaten und jeder Menge Amore! Aber auch die Crostini sind nicht von schlechten Eltern: mit fruchtiger Birne und cremigem Brie werden sie zum echten Gaumenschmaus!

ZUBEREITUNGSZEIT:
ca. 20 Minuten + Ziehzeit

FÜR 16 SCHEIBEN
5 große Fleischtomaten
2–3 Knoblauchzehen
5 EL sehr gutes Olivenöl
Salz und Pfeffer
1 Prise Zucker
etwas Zitronensaft
16 Scheiben Brot
(Ciabatta, Baguette oder Sauerteig)
Basilikum

Die Tomaten waschen, halbieren und sehr fein würfeln; den Knoblauch schälen und durch eine Knoblauchpresse drücken. Die Tomaten und den Knoblauch mit dem Olivenöl in eine Schale geben, mit Salz, Pfeffer und einer Prise Zucker würzen und mit etwas Zitronensaft abschmecken. Die Tomaten zugedeckt etwa zwei Stunden durchziehen lassen.
Das Brot in Scheiben schneiden und in einer Pfanne ohne Fett kurz beidseitig anrösten (funktioniert auch mit einem Toaster).
Die Brotscheiben kurz vor dem Servieren mit jeweils 1–2 EL Tomaten belegen und nach Wunsch frisches Basilikum darübergeben.

SCHNELLE BIRNEN-BRIE-CROSTINI

ZUBEREITUNGSZEIT:
ca. 15 Minuten
BACKZEIT:
5 Minuten

FÜR 16 SCHEIBEN
1 Knoblauchzehe
16 Scheiben Brot (Ciabatta, Baguette oder Sauerteig)
2 Birnen (am besten schon etwas reifere)
200 g Brie
ein paar Stängel Thymian
etwas Olivenöl
etwas flüssiger Honig
schwarzer Pfeffer aus der Mühle

Den Ofen auf 200 °C Ober-/Unterhitze vorheizen.
Den Knoblauch schälen. Das Brot in einer Pfanne ohne Fett von beiden Seiten kurz anrösten. Jede Scheibe kurz mit der Knoblauchzehe einreiben.
Die Birnen würfeln, den Brie in 8 Scheiben schneiden und diese in der Mitte halbieren.
Jede Brotscheibe mit jeweils 1 Stück Brie und 1 EL Birnenwürfel belegen, ein paar abgezupfte Thymianblättchen dazugeben und mit etwas Olivenöl und flüssigem Honig beträufeln.
Die Brotscheiben im vorgeheizten Ofen etwa 5 Minuten überbacken, bis der Käse leicht geschmolzen ist.
Mit frisch gemahlenem schwarzen Pfeffer bestreuen und direkt servieren.

BÖREK-ZIGARREN

mit Baba Ganoush und Muhamarra

Vielleicht nicht ganz so berühmt wie Hummus, dafür mindestens genauso lecker – die köstliche Creme aus gebackener Aubergine und Knoblauch und die pikante Paste aus Walnüssen und gerillter Paprika dürfen bei einer orientalischen Tafel auf keinen Fall fehlen! In einem Schraubglas hübsch verpackt, sind sie auch ein tolles Mitbringsel für sommerliche Grillpartys! Besonders gerne serviere ich sie als Dip für schnelle und einfache Börek-Zigarren mit Schafskäse-Füllung. Diese werden übrigens nicht aus Filo- sondern aus Yufkateig hergestellt; so werden die kleinen Stangen außen knusprig, aber innen unglaublich weich und saftig – ein Geheimtipp von der Oma aus meiner liebsten türkischen Bäckerei; und die muss es schließlich wissen!

ZUBEREITUNGSZEIT:
ca. 20 Minuten
BACKZEIT:
15 Minuten

FÜR 12 STÜCK

BÖREK-ZIGARREN
250 g Schafskäse
etwas Zitronensaft und Abrieb
200 g griechischer Joghurt
5 Stängel Petersilie
Salz und Pfeffer
Cayennepfeffer
12 Blätter Yufkateig in Dreieckform (aus dem Kühlregal)
1 Eigelb
schwarzer Sesam

Den Backofen auf 220 °C Ober-/Unterhitze vorheizen.
Den Schafskäse mit etwas Zitronensaft und 3 EL Joghurt fein pürieren. Die Petersilie fein hacken und unterrühren und die Käsecreme mit Salz, Pfeffer und Cayennepfeffer abschmecken.
Die einzelnen Teigblätter mit der Spitze nach oben gerichtet auf der Arbeitsfläche auslegen und mit einer dünnen Schicht Joghurt bestreichen. Jeweils 1–2 EL Käsecreme längs auf der Unterseite des Teiges verteilen, die Seiten des Teiges links und rechts über der Füllung einklappen und den Teig von unten nach oben eng aufrollen.
Die gefüllten Teigrollen auf ein mit Backpapier ausgelegtes Backblech legen. Das Eigelb kurz verquirlen und die Röllchen damit bestreichen. Mit schwarzem Sesam bestreuen. Im vorgeheizten Ofen etwa 15–18 Minuten goldbraun backen.
Mit Muhamarra, Baba Ganoush oder ganz klassisch mit etwas Joghurt servieren.

>>>

ZUBEREITUNGSZEIT:
ca. 10 Minuten

FÜR 6 PERSONEN

MUHAMARRA

80 g Walnüsse
1 Scheibe Toastbrot
30 ml Olivenöl
1–2 Knoblauchzehen
1 EL Harissa
1 EL Tomatenmark
1 TL Honig oder Granatapfelsirup
Saft einer halben Zitrone
jeweils eine Prise Kreuzkümmel, Zimt und Korianderpulver
Salz und Pfeffer

Die Walnüsse und das Toastbrot in einen leistungsstarken Mixer geben und auf hoher Stufe solange mixen, bis sich eine fein krümelige Masse gebildet hat. Nun die restlichen Zutaten hinzugeben und alles fein pürieren. Falls nötig nachwürzen.

ZUBEREITUNGSZEIT:
ca. 10 Minuten
BACKZEIT:
50 Minuten

FÜR 6 PERSONEN

BABA GANOUSH

2 mittelgroße Auberginen
5 Knoblauchzehen
3 TL Tahin
2 EL Olivenöl
+ etwas zum Beträufeln
etwas Zitronensaft
Salz
optional: etwas Chilipulver

Den Backofen auf 200 °C Ober-/Unterhitze vorheizen.
Die Auberginen rundherum mit einem Messer einstechen und in einer ofenfesten Form etwa 50 Minuten sehr weich backen.
Das Innere der Aubergine aus der Schale kratzen und mit den restlichen Zutaten sehr fein pürieren.
Mit Salz und Pfeffer abschmecken und mit etwas Olivenöl beträufeln. Auf Wunsch mit etwas Chilipulver würzen.

SOFTE BREZEL-BITES

mit Cheddar-Honig-Whiskey-Dip

Soft, buttrig und mit einem Happs im Mund: selbstgemachtes Laugenkonfekt ist seit einiger Zeit mein neuer Star am Snackhimmel. Lauwarm aus dem Ofen mit einem cremigen Cheddar-Honig-Whiskey-Dip schmecken die kleinen Brezel-Häppchen einfach unverschämt lecker! Am besten ist es, sie vorab gar nicht groß zu probieren, die Gefahr, sie ganz allein aufessen zu wollen, ist nämlich ziemlich groß!

ZUBEREITUNGSZEIT:
ca. 30 Minuten
GEHZEIT:
40 Minuten
BACKZEIT:
10 Minuten

FÜR 50–60 BREZEL-BITES

TEIG
300 ml lauwarmes Wasser
1 Päckchen Trockenhefe
1 EL brauner Zucker
500 g Mehl
1 TL Salz
1 EL geschmolzene Butter

AUSSERDEM
50 g Natron für das Kochwasser
60 g geschmolzene Butter zum Bepinseln

CHEDDAR-HONIG-WHISKEY-DIP
60 g Butter
30 g Mehl
450 ml Milch
180 g geriebener Cheddar
1 TL Dijonsenf
1 TL Honig
1 Spritzer Limettensaft
2 EL Whiskey
Cayennepfeffer
Salz und Pfeffer

Das Wasser mit der Hefe und dem Zucker vermischen und an einem warmen Ort etwa 10 Minuten gehen lassen.
Das Mehl mit dem Salz vermischen, die Hefemischung sowie 1 EL geschmolzene Butter dazugeben und zu einem glatten Teig verkneten. Den Teig zugedeckt etwa 30 Minuten gehen lassen.
Den Backofen auf 220 °C Ober-/Unterhitze vorheizen.
Den Teig auf eine bemehlte Arbeitsfläche geben und in 6 gleichmäßige Stücke teilen.
Jedes Stück zu einer etwa 25 cm langen, daumendicken Rolle ausrollen und diese in 10–12 Teile schneiden.
Das Natron in etwa 1 l kochendem Wasser auflösen. Die Brezel-Bites portionsweise ins Wasser gleiten lassen und nach ein paar Sekunden mit einer Schaumkelle herausholen.
Die Teigstückchen mit etwas Abstand auf ein mit Backpapier ausgelegtes Backblech legen und im vorgeheizten Ofen etwa 10 Minuten backen. In der Zwischenzeit die Butter schmelzen und die fertigen Brezel-Bites nach dem Backen damit bepinseln.
Für den Dip die Butter in einem kleinen Topf schmelzen, das Mehl hinzugeben und gut verrühren.
Die Milch hinzugeben und mit einem Schneebesen 2–3 Minuten rühren, bis keine Klümpchen mehr vorhanden sind.
Den Käse, den Senf, den Honig, etwas Limettensaft, den Whiskey und die Gewürze dazugeben und weiterrühren, bis der Käse geschmolzen ist und sich mit der Milch zu einer dicken Sauce verbunden hat.
Die Brezel-Bites mit dem Dip servieren.

GEBACKENER FETA

mit Honig, Granatapfel, Pistazien und Gremolata

Ein Traum aus 1001 Nacht! Ob als Vorspeise zu einem orientalischen Menü oder als vegetarischer Hauptdarsteller – die Kombination aus gebackenem Feta, Honig, Granatäpfeln, frischen Kräutern und Nüssen ist so simpel wie genial und lässt garantiert keine kulinarischen Wünsche offen! Dazu passt frisches Baguette oder besser noch: selbstgemachtes Naanbrot!

ZUBEREITUNGSZEIT:
ca. 15 Minuten
BACKZEIT:
20 Minuten

FÜR 4–6 PERSONEN

300 g Feta
4 Knoblauchzehen
4 EL Olivenöl
1 TL Ras el-Hanout
Abrieb und Saft von einer kleinen Limette
½ TL Paprikapulver
2 EL Honig
jeweils eine Handvoll Petersilie, Koriander, Minze
50 g geröstete und gesalzene Pistazien
Kerne von ½ Granatapfel
Pfeffer
optional: Chiliflocken und schwarzer Sesam zum Bestreuen

Den Ofen auf 220 °C Ober-/Unterhitze vorheizen.

Den Feta jeweils waagerecht halbieren und in eine Auflaufform legen.

3 Knoblauchzehen schälen und reiben und mit dem Öl, dem Ras el-Hanout, etwas Limettensaft, dem Paprikapulver und 1 EL Honig zu einer Marinade verrühren.

Den Feta gleichmäßig mit der Marinade übergießen und im Ofen etwa 20 Minuten backen. Nach 15 Minuten Backzeit auf Grillfunktion umschalten.

In der Zwischenzeit die restliche Knoblauchzehe schälen und reiben, die Kräuter fein hacken und zusammen mit dem Limettenabrieb zu einer Gremolata vermischen. Die Pistazien ebenfalls fein hacken.

Den Granatapfel halbieren und die Kerne entfernen. Kleiner Tipp: Das funktioniert am besten, wenn man Wasser in eine Schüssel füllt und den Granatapfel quasi unter Wasser entkernt. So gibt es keine lästigen Spritzer und Flecken!

Den Feta aus dem Ofen nehmen, 1 weiteren EL Honig darüberträufeln, mit etwas Pfeffer und mit der Gremolata, den Granatapfelkernen und den Pistazien bestreuen. Wer mag, kann jetzt noch Chiliflocken und schwarzen Sesam darübergeben.

Dazu schmecken Köfte, frisches Fladenbrot, Couscous oder Süßkartoffeltaler.

Enis Geheimtipp:

Der gebackene Feta eignet sich in Kombination mit dem Couscous-Salat (Rezept S. 71) auch fantastisch als Füllung für Süßkartoffeln oder Kumpir. Dazu einfach eine Süßkartoffel 30–40 Minuten bei 200 °C im Ofen weichgaren, einschneiden, mit Couscous-Salat und gebackenem Käse befüllen und mit der Gremolata, den Pistazien und den Granatapfelkernen bestreuen.

DIE PERFEKTE KÄSEPLATTE

Eine Käseplatte ist ein echter Allrounder; ob in gemütlicher Runde mit einem Gläschen Wein oder als Bestandteil eines Buffets – sie ist ruckzuck gemacht und trotz minimalem Aufwand eine echte Augenweide. Käse ist nicht nur meine heimliche große Liebe, sondern auch eine absolute Geheimwaffe, wenn sich Gäste spontan angekündigt haben. Ein kurzer Ausflug in die Fromagerie, und schon hat man einen köstlichen Snack für seine Gäste parat, welcher in entsprechender Menge auch schon mal als Hauptgang durchgehen kann – und das sogar ohne den Herd anzuschmeißen!

DIE MISCHUNG MACHT'S

Auf eine abwechslungsreiche Käseplatte gehören für mich etwa 4–6 unterschiedliche Sorten. Am schönsten ist meiner Meinung nach ein Mix aus unterschiedlichen Käsesorten, die sich sowohl geschmacklich als auch in ihrer Textur unterscheiden. Bei einer Auswahl von milden, pikanten, würzigen sowie weichen, halbfesten und festen Käsesorten ist garantiert für jeden Geschmack etwas dabei!
Wer möchte, kann die Käsesorten stattdessen auch thematisch nach Ländern aussuchen und für seine Platte unterschiedliche Käsesorten aus beispielsweise nur Spanien, Frankreich oder Italien zusammenstellen.
Grundsätzlich gilt aber, dass eine Käseplatte immer dann perfekt ist, wenn sie EUCH und euren Gästen schmeckt! Wisst ihr schon im Vorfeld, dass Ziegenkäse oder Brie bei euren Freunden nicht so hoch im Kurs stehen, lasst die Weichkäsesorten einfach weg, egal was das Käselehrbuch sagt!
Wird die Käseplatte als Hauptgang serviert, rechne ich pro Person mit etwa 180–200 g Käse. Als Bestandteil eines Buffets oder als Dessert etwa 90–120 g Käse pro Person.

ZUBEREITUNGSZEIT:
ca. 15 Minuten

Meine Lieblinge

Hartkäse

Grana Padano oder Parmesan
Gruyère
Cantal
Tête de Moine
kräftiger Bergkäse (besonders lecker mit Chili- oder Kräutermantel)
würziger Cheddar

Halbfester Käse

Asiago
Barrique
Lagrein

Weich- und Blauschimmelkäse

Büffelmozzarella und Burrata
verschiedene Briesorten (z.B. Walnuss- oder Trüffelbrie)
Taleggio
Reblochon
Ziegenweichkäse
Morbier

Enis Geheimtipp:

Wenn ihr bei der Auswahl noch unschlüssig seid, lasst euch am besten im Feinkostladen oder an der Käsetheke beraten und fragt ruhig nach, ob ihr mal probieren dürft! So seid ihr geschmacklich auf der sicheren Seite!

Und was gibt's dazu?

Käse an sich ist ja schon wahnsinnig lecker, aber zum echten Highlight wird eine Käseplatte erst durch ihre Begleiter. Auch hier gilt: Erlaubt ist alles, was schmeckt.

Hier ist eine kleine Liste der Dinge, die auf meiner Platte niemals fehlen dürfen:

frisches Brot, Cracker & Grissini
Chutneys, Fruchtsenf, Honig & Relishes
Obst, Trockenfrüchte und Nüsse

Wie richte ich eine Käseplatte schön an?

Eine Käseplatte hübsch anzurichten, ist wirklich nicht sehr schwer.
Als Grundlage braucht man zunächst ein schönes, großes Holzbrett. Zur Not tut es auch ein großer Teller, aber so ein rustikales Brett hat natürlich etwas ganz Besonderes und macht optisch jede Menge her. Das Brett belegt man als Erstes mit den verschiedenen Käsestückchen. Zwischen den einzelnen Käsestücken und in der Mitte der Platte sollte dabei so viel Platz wie möglich gelassen werden.
Um die Käsestücke herum werden als Nächstes Cracker, Brotstückchen, Grissini und größeres Obst, wie z.B. Trauben oder Feigen, drapiert. Leere Stellen und Löcher können mit Nüssen und Trockenfrüchten aufgefüllt werden.
Zuletzt kommt in die Mitte der Platte ein Chutney, ein fruchtiger Senf, etwas Honig oder zum Beispiel ein würziges Relish. Dieses kann man entweder direkt im Glas servieren oder alternativ in hübschen Schälchen anrichten. Je nachdem, wie viel Platz noch vorhanden ist, können noch Schälchen mit eingelegten Oliven, Kapernäpfeln oder getrockneten Tomaten mit auf die Platte.

Enis Geheimtipp:

Im Sommer nehme ich statt Trockenobst gerne frische Früchte, wie Aprikosen, Kirschen oder Beeren. Klassiker, wie Trauben, frische Feigen und reife Birnen, sind auch nie verkehrt. Wer übrigens keine reine Käseplatte servieren möchte, kann mediterrane Zutaten, wie eingelegte Oliven, getrocknete Tomaten und unterschiedliche Antipasti dazu reichen. Dazu passend wären auch luftgetrocknete Schinkensorten wie Parma- oder Serrano-Schinken, Salamipralinen oder -sticks und dünne Scheiben Coppa oder Pancetta.

GENIALE HAUPTGERICHTE MIT GELINGGARANTIE

Hauptgerichte sind das Herzstück eines jeden Menüs. Ob mit Fleisch, Fisch oder vegetarisch – die Möglichkeiten sind quasi unerschöpflich, und bei der Auswahl habe ich nicht selten die Qual der Wahl. Indisch oder mexikanisch? Ein asiatischer Lachs oder doch lieber ein klassisches Rinderfilet? Gar nicht so einfach, sich da zu entscheiden!
Vorspeisen und Salate schmecken meist auch lauwarm, manchmal sogar kalt, und können in der Regel super vorbereitet werden. Bei Hauptgerichten sieht die Sache oft schon etwas anders aus. Je nach Fleisch-, Fisch- oder Gemüsesorte gilt es, Garzeiten zu beachten, und wenn wir ehrlich sind, schmecken die meisten Gerichte doch am allerbesten, wenn sie noch richtig warm auf den Tisch kommen.
Wie serviert man also das perfekte Menü, ohne dabei in Stress zu geraten oder seine Gäste zu vernachlässigen?
Eintöpfe, Ofen- und Schmorgerichte sind für mich als Hauptdarsteller eines Menüs daher die beste Lösung, denn sie sind nicht nur unkompliziert in der Vorbereitung, sondern bereiten sich quasi von selbst zu.

Enis Geheimtipp:

Mengenangaben für bestimmte Personenzahlen sind immer ein bisschen schwierig einzuschätzen und hängen von unterschiedlichen Dingen ab. Werden vorab zum Beispiel unterschiedliche Snacks, Vorspeisen oder Salate serviert, kann es schon mal vorkommen, dass von Hauptspeisen und Desserts am Ende des Abends Einiges übrigbleibt. Steht nur ein Hauptgericht mit einer Beilage auf dem Menüplan, ist die Gefahr hingegen groß, dass die Gäste nicht wirklich satt werden und hungrig nach Hause gehen. Für die ungarische Mama in mir der absolute Super-GAU!
Meine Hauptgerichte sind meistens für 6 Personen ausgerichtet und werden mit mindestens zwei, besser drei Beilagen serviert. Zusätzlich reiche ich immer noch etwas frisches Brot – so kann definitiv nichts schiefgehen!

GORGONZOLA-ROULADEN

mit Aprikosensenf, Serrano-Schinken und Pinienkernen

Rouladen erinnern mich immer an Sonntage mit der Familie. Neben ungarischem Gulasch und riesigen Schnitzelbergen hat uns Oma Magda manchmal auch Rouladen aufgetischt. Für mich ohne Gurke, die mochte ich nämlich überhaupt nicht (das zarte Fleisch und die leckere Sauce dafür umso mehr!) Inzwischen fülle ich meine Rouladen am liebsten mit Aprikosensenf, Gorgonzola, Serrano-Schinken und Pinienkernen. Mit dem Original hat es zugegebenermaßen nicht mehr allzu viel zu tun, dafür schmeckt es ziemlich grandios!

ZUBEREITUNGSZEIT:
ca. 25 Minuten
KOCHZEIT:
1 ½ Stunden

FÜR 6 PERSONEN
- 6 Scheiben Rinderrouladenfleisch aus der Oberschale
- Salz
- 6 EL Aprikosensenf + etwas zum Abschmecken
- 6 Scheiben Serrano-Schinken
- 6 EL cremiger Gorgonzola
- 6 EL Pinienkerne
- getrockneter Majoran
- 2 mittelgroße Zwiebeln
- 3 Knoblauchzehen
- 3 EL Pflanzenöl oder Butterschmalz
- 1 EL Honig
- 1 EL Balsamico
- 2 EL Tomatenmark
- 180 ml trockener Rotwein
- 500 ml Brühe (am besten Rinderbouillon)
- Pfeffer
- Kümmelpulver
- ggf. 1–2 TL Speisestärke
- Abrieb einer Orange

Den Ofen auf 180 °C Ober-/Unterhitze vorheizen.
Die Rouladen kurz abspülen, trockentupfen und auf einem großen Brett auslegen. Von beiden Seiten salzen und mit jeweils 1 EL Aprikosensenf bestreichen.
Jede Roulade mit einer Scheibe Serrano-Schinken belegen, Gorgonzola darüberbröseln und mit Pinienkernen und Majoran bestreuen.
Die Rouladen von rechts und links leicht einklappen und von unten nach oben fest aufrollen. Zum Fixieren mit Holzstäbchen oder Spießen feststecken oder mit Küchengarn umwickeln.
Die Zwiebeln und den Knoblauch schälen, halbieren und in feine Scheiben schneiden.
Das Öl in einem ofenfesten Bräter erhitzen und die Rouladen darin von allen Seiten scharf anbraten, bis sie rundum braun sind.
Die Rouladen herausnehmen, die Hitze etwas herunterdrehen und die Zwiebel sowie den Knoblauch im Bratfett glasig dünsten.
1 EL Honig und einen Schuss Balsamico dazugeben und kurz karamellisieren lassen.
Das Tomatenmark dazugeben, ganz kurz mitanbraten und mit dem Rotwein und 500 ml Brühe ablöschen. Mit Salz, Pfeffer, Majoran und Kümmel würzen und alles kurz aufkochen lassen.
Die Rouladen wieder zufügen und zugedeckt im Ofen 1 ½ Stunden schmoren lassen.
Den Bräter aus dem Ofen holen, die Rouladen aus der Sauce nehmen und die Sauce, falls nötig, noch etwas andicken. Dazu 1–2 TL Speisestärke mit etwas Rotwein glattrühren, zu der Sauce geben und kurz aufkochen. Die Sauce mit Aprikosensenf und Orangenabrieb abschmecken und mit Salz und Pfeffer nachwürzen.

Enis Geheimtipp:

Wer Gorgonzola zu kräftig im Geschmack findet, kann ihn auch durch einen anderen Käse, wie z.B. Brie, Feta oder auch einen einfachen Kräuterfrischkäse, ersetzen. Auch sonst kann man bei der Füllung von Rouladen sehr vielseitig variieren: Speck, getrocknete Aprikosen oder Pflaumen, aber auch gebraten Pilze oder sogar Antipasti geben einen tollen Geschmack!

INDISCHES BUTTER CHICKEN

Saftige Hähnchenwürfel in einer sahnig-würzigen Tomatensauce – indisches Butter Chicken ist Soulfood pur und aufgrund seiner unkomplizierten Zubereitung die perfekte Wahl für ein gemütliches Abendessen mit Freunden. Ich war immer schon ein Riesenfan der indischen Küche und liebe es, mit duftigen Gewürzmischungen und würzigen Mangochutneys zu zaubern. Die meist eintopfartigen Gerichte machen auf den ersten Blick oft nicht so viel her, schmecken aber meist sooo gut, dass es einem fast die Tränen in die Augen treibt. Mit einem ordentlichen Klecks Butter, etwas Koriander und frischem Naanbrot (und einem eiskalten Bier) serviert, ist dieses Butter Chicken ein echtes Highlight!

ZUBEREITUNGSZEIT:
ca. 15 Minuten
ZIEHZEIT:
2 Stunden
KOCHZEIT:
30 Minuten

FÜR 6 PERSONEN

BUTTER CHICKEN
800 g Hähnchenbrustfilet
2 mittelgroße Zwiebeln
3 Knoblauchzehen
2 cm Ingwer
3 EL Ghee
2 TL Garam Masala
1 TL Paprikapulver
1 TL Cayennepfeffer
½ TL Zimt
1 Msp. Kardamom
1 TL Kümmelpulver
5 EL Butter
700 ml passierte Tomaten
2 TL gekörnte Brühe
3 TL brauner Zucker
200 ml Sahne
Salz und Pfeffer
Zitronensaft und Abrieb von einer halben Zitrone

Die Hähnchenbrust waschen, mit etwas Küchenkrepp trockentupfen und in Würfel schneiden.
Den Ingwer und den Knoblauch für die Marinade schälen und sehr fein hacken. Aus dem Joghurt, dem Paprikapulver, dem Garam Masala, dem Zimt, dem Kardamom, dem Cayennepfeffer, dem Kümmelpulver, dem Ingwer und dem Knoblauch eine Marinade herstellen. Mit Salz und Pfeffer abschmecken.

>>>

MARINADE

1 cm Ingwer
3 Knoblauchzehen
200 g Joghurt
1 EL Paprikapulver
2 TL Garam Masala
½ TL Zimt
1 Msp. Kardamom
1 TL Cayennepfeffer
1 TL Kümmelpulver
Salz und Pfeffer

Die Hähnchenbrustwürfel zu der Marinade geben und gut damit verrühren. Im Kühlschrank mindestens zwei Stunden, besser aber über Nacht ziehen lassen.
Die Zwiebeln, den Knoblauch und den Ingwer schälen und fein hacken.
3 EL Ghee in einem großen Topf erhitzen und die Zwiebeln, den Knoblauch und den Ingwer darin weichgaren.
Alle Gewürze dazugeben und 2–3 Minuten anrösten.
Parallel dazu in einer weiteren Pfanne etwas Butter erhitzen und das Hähnchen bei hoher Hitze 3–4 Minuten rundum anbraten, aus der Pfanne nehmen und zur Seite stellen.
Die passierten Tomaten, die gekörnte Brühe sowie den braunen Zucker zu den Zwiebeln geben und kurz aufkochen.
Jetzt die Hähnchenbrust dazugeben und alles etwa 15–20 Minuten auf mittlerer Hitze köcheln lassen.
Die Sahne dazugeben und noch weitere 5 Minuten köcheln.
Mit Salz, Pfeffer sowie Limettensaft und -abrieb abschmecken.

Enis Geheimtipp:

Die Hähnchenwürfel am besten schon über Nacht in der Marinade ziehen lassen, so wird das Fleisch besonders zart und aromatisch!

MISO-LACHS

mit Koriander-Gremolata und Sesam

Wer seinen Gästen gerne Fisch servieren möchte, ist mit Lachs so gut wie immer auf der sicheren Seite, ganz besonders, wenn er wie hier im Ofen zubereitet wird. So kann man sich nämlich getrost um Drinks und Beilagen kümmern und nebenher ohne großen Aufwand einen geschmacklichen Knaller auf den Tisch zaubern. Durch die Miso-Butter und die Koriander-Gremolata bekommt der Lachs einen leckeren asiatischen Touch und eine aromatische Kruste. Man kann ihn prima zu gebratenem Reis oder Reisnudelsalat servieren, aber auch als Burger-Belag oder auf einem Bagel schmeckt er fantastisch!

ZUBEREITUNGSZEIT:
ca. 15 Minuten
BACKZEIT:
25 Minuten

FÜR 6 PERSONEN
1200 g Lachs
4 EL Misopaste
4 EL Ahornsirup
4 EL Sojasauce
4 TL Sesamöl
4 EL Wasser
4 Msp. Ingwerpulver
Saft und Abrieb einer Limette
+ zusätzlich Abrieb einer weiteren Limette
1 kleines Bund Koriander
2 Frühlingszwiebeln
2 Knoblauchzehen
Salz und Pfeffer
weißer und schwarzer Sesam
optional: Chiliflocken

Den Ofen auf 200 °C Ober-/Unterhitze vorheizen.
Den Lachs waschen und mit einem Küchentuch trockentupfen.
Für die Miso-Glasur die Misopaste mit dem Ahornsirup, der Sojasauce, dem Sesamöl, dem Wasser, dem Ingwerpulver sowie dem Limettensaft und -abrieb einer Limette gut vermischen.
Den Lachs mit der Hautseite nach unten auf ein mit Backpapier ausgelegtes Backblech legen und mit der Miso-Glasur bestreichen.
Im vorgeheizten Ofen etwa 25 Minuten garen.
In der Zwischenzeit den Koriander, die Frühlingszwiebeln und die Knoblauchzehen sehr fein hacken und mit dem zusätzlichen Limettenabrieb vermischen. Mit Salz und Pfeffer abschmecken.
Den Lachs aus dem Ofen holen und mit dem Sesam und dem Koriander-Mix großzügig bestreuen und sofort servieren.
Auf Wunsch mit Chiliflocken bestreuen.

MAROKKANISCHER KEFTA-EINTOPF

mit Aprikosen, Zimt und weißen Bohnen

Obwohl dieses Gericht genauso gut mit Hühnchen oder Lamm funktioniert, koche ich es am liebsten mit Hackbällchen oder Kefta, wie man sie in Marokko nennt. Die bleiben herrlich saftig, und sogar die Kinder lieben sie!

ZUBEREITUNGSZEIT:
ca. 25 Minuten
KOCHZEIT: 30 Minuten

FÜR 4–6 PERSONEN

KEFTA

4 Knoblauchzehen
40 g Petersilie
20 g Minze
8 entsteinte Datteln
1000 g gemischtes Hackfleisch
2 Eier
4 EL Paniermehl
3 TL Ras el-Hanout
2 TL Paprikapulver
2 EL Olivenöl
Salz und Pfeffer

SAUCE

2 rote Zwiebeln
2 cm Ingwer
4 Knoblauchzehen
35 g getrocknete Soft-Aprikosen
3 EL Butterschmalz
800 ml passierte Tomaten
100 ml Gemüsebrühe
2 EL Granatapfelsirup
2 EL Honig
1 TL Harissa
½ TL Zimt
2–3 TL Ras el-Hanout
400 g weiße Bohnen
Limettensaft und -abrieb zum Abschmecken
etwas Koriander und Minze sowie 3 EL Granatapfelkerne zum Servieren

Den Knoblauch schälen, zusammen mit den Kräutern und den Datteln sehr fein hacken und in eine große Schüssel geben.
Das Hackfleisch und alle weiteren Zutaten für die Kefta dazugeben und mit feuchten Händen zu einem Fleischteig kneten.
Aus der Masse etwa 20 Hackbällchen formen und mit der flachen Hand etwas platt drücken.
Für den Eintopf die Zwiebeln, den Ingwer und den Knoblauch schälen und fein hacken. Die Aprikosen ebenfalls grob hacken.
In einem großen Topf das Butterschmalz erhitzen und die Zwiebeln, den Ingwer und den Knoblauch glasig braten. Die Aprikosen und die Hackbällchen dazugeben und auf mittlerer Hitze von allen Seiten kurz anbraten.
Alle Zutaten bis auf die Bohnen dazugeben, kurz aufkochen lassen und unter geschlossenem Deckel etwa eine halbe Stunde köcheln.
Die Bohnen dazugeben, mit Limettensaft und -abrieb abschmecken und nach Geschmack nachwürzen. Mit gehacktem Koriander, Minze und Granatapfelkernen bestreuen.
Dazu schmecken Tabbouleh, Minzjoghurt, Linsensalat, gebackener Feta, Naanbrot sowie Hummus.

Enis Geheimtipp:

Der Eintopf kann bereits mehrere Stunden im Voraus zubereitet werden und muss dann nur noch kurz aufgewärmt werden, wenn die Gäste eintreffen. Die Kefta schmecken übrigens auch vom Grill ganz fantastisch!

FEURIGE CAPONATA

mit Büffelmozzarella

Caponata ist ein sizilianisches Schmorgericht, das zu großen Teilen aus Auberginen und frischen Tomaten besteht. Man kann es sowohl warm als auch kalt genießen, und mit ein bisschen Büffelmozzarella, frischem Baguette oder ofenwarmen Pizzabrot schmeckt es geradezu göttlich! In meiner Version finden sich neben Aubergine auch noch Zucchini und Paprika, jede Menge Knoblauch (natürlich!) sowie Oliven, Kapern, frische Minze, Pinienkerne und Rosinen. Diese zerkochen mit der Sauce und geben ihr einen tollen, süßlichen Geschmack. Wem sich bei der Nennung von Rosinen die Haare aufstellen sollten, kann sie auch durch Cranberrys ersetzen. Und wer es gern scharf mag, packt noch ein bisschen Chili obendrauf!

ZUBEREITUNGSZEIT:
ca. 20 Minuten
KOCHZEIT:
30 Minuten

FÜR 4 PERSONEN

1 große Aubergine
1 große Zucchini
1 rote Paprika
1 gelbe Paprika
3 Tomaten
1 große Zwiebel
4 Knoblauchzehen
1 Handvoll Basilikum
1 Handvoll Petersilie
3 Stängel Minze
50 g schwarze Oliven
50 g Rosinen
5 EL Olivenöl + 1–2 EL Olivenöl
Salz und Pfeffer
2 TL getrocknete italienische Kräuter (Oregano, Thymian, Rosmarin)
Cayennepfeffer nach Geschmack
1 EL Honig
2 EL Balsamico
2 EL Kapern
Zitronensaft und -abrieb zum Abschmecken
50 g Pinienkerne
1 Packung Mini-Büffelmozzarella-Kugeln

Die Aubergine, die Zucchini, die Paprika und die Tomaten waschen, putzen und würfeln.
Die Zwiebel und den Knoblauch schälen und fein würfeln, die Kräuter fein hacken.
Die Oliven gegebenenfalls entkernen und in Ringe schneiden und die Rosinen in etwas warmem Wasser einweichen.
Das Öl in einer großen Pfanne erhitzen und darin zuerst die Auberginen, dann Paprika, Zucchini, Zwiebeln und Knoblauch unter ständigem Rühren anbraten, bis alles weich ist.
Mit Salz, Pfeffer, getrockneten Kräutern und Cayennepfeffer würzen. Den Honig sowie den Balsamicoessig hinzufügen und etwa 3 Minuten weiterschmoren.
Als Letztes die Tomaten, die Kapern, die Oliven und die abgetropften Rosinen dazugeben und mit etwas Zitronensaft und Zitronenabrieb abschmecken.
Das Gemüse etwa eine halbe Stunde ruhen lassen und kurz vor dem Servieren nachwürzen. Noch 1–2 EL Olivenöl sowie die gehackten Kräuter, die Pinienkerne und die Büffelmozzarella-Kugeln dazugeben.

ENCHILADAS VERDES

mit Nacho-Bacon-Crunch

Enchiladas sind ein echter Dauerbrenner auf Dinnerpartys – und das nicht ohne Grund! Die Tex-Mex-Alternative zu Cannelloni ist schnell und einfach gemacht und schmeckt einfach nur teuflisch gut! Für das typisch mexikanische Gericht werden softe Tortillas nach Belieben mit Hähnchen, Chili con Carne, Gemüse, Bohnen oder Fisch gefüllt, gerollt, anschließend mit einer cremigen Sauce übergossen und im Ofen gratiniert. Für diese Variante habe ich aus Jalapeños und Sahne eine scharfe Salsa gezaubert und auf der geschmolzenen Käsedecke noch zusätzlich Tortilla-Chips und knusprigen Speck gebröselt. Dazu reiche ich am liebsten verschiedene Salsas, Sour Cream und natürlich Guacamole!

ZUBEREITUNGSZEIT:
ca. 40 Minuten
BACKZEIT:
10 Minuten

FÜR 6 PERSONEN

SAUCE
1 kleine Zwiebel
2 Knoblauchzehen
Öl zum Braten
1 TL Kümmelpulver
1 EL Honig
100 ml Brühe
250 ml Sahne + etwas mehr zum Lösen des Bratensatzes
½ Glas eingelegte Jalapeños
1 kleines Bund Koriander oder Petersilie (oder halb und halb)
2 TL Speisestärke
etwas Limettensaft und -abrieb

Die Zwiebel und 2 Knoblauchzehen schälen und sehr fein hacken.
In einem Topf etwas Öl erhitzen und Zwiebel und Knoblauch glasig dünsten.
Das Kümmelpulver und den Honig dazugeben und die Zwiebeln kurz karamellisieren lassen.
Die Brühe und die Sahne angießen und alles kurz aufkochen.
In der Zwischenzeit die Jalapeños abtropfen lassen und mit dem Koriander ebenfalls in den Topf geben und etwa 2 Minuten weiterköcheln. Die Speisestärke dazugeben, gut einrühren und die Sauce kurz aufkochen lassen. Den Topf vom Herd nehmen und den Inhalt mit einem Stabmixer glatt pürieren.
Mit Limettensaft und -abrieb abschmecken und gegebenenfalls nachwürzen.
Den Ofen auf 200 °C Ober/-Unterhitze vorheizen.

>>>

FÜLLUNG

2 Knoblauchzehen
600 g Hähnchenbrustfilet oder Gemüse, wie z.B. Zucchini, Süßkartoffel
250 g Champignons
200 g Cherrytomaten
1 Handvoll Koriander
1 Dose schwarze Bohnen (Black Beans oder Kidney-Bohnen)
Salz und Pfeffer
1 TL Kümmelpulver
ein Schluck Sahne
etwas Limettensaft

AUSSERDEM

6 große Tortilla-Wraps
150 g geriebener Käse, halb Cheddar, halb Gouda
1 Packung Frühstücksspeck (Bacon)
15 Tortilla-Chips
½ reife Avocado
Koriander und/oder Petersilie zum Bestreuen

Die Knoblauchzehen für die Füllung schälen und fein hacken.
Die Hähnchenbrustfilets waschen, trockentupfen und in Streifen schneiden.
Die Pilze putzen und vierteln, die Tomaten waschen und halbieren, den Koriander hacken, die Bohnen abtropfen lassen.
In einer großen Pfanne 2 EL Öl erhitzen und die Hähnchenbruststreifen von allen Seiten rundum braun anbraten. Die Pilze und den Knoblauch dazugeben und mitbraten. Mit Salz, Pfeffer und Kümmelpulver würzen. Mit etwas Wasser und einem Schluck Sahne ablöschen, um die Bodensätze zu lösen.
Die Pfanne vom Herd nehmen und die Bohnen, die Tomaten und den Koriander einrühren und alles mit etwas Limettensaft abschmecken.
Eine große Auflaufform (ich nehme meist eine Backform für große Blechkuchen) mit etwas Öl oder Butter fetten.
Nun die Hähnchen-Gemüse-Füllung gleichmäßig auf die Mitte der 6 Tortilla-Wraps verteilen und über jeden Wrap etwas geriebenen Käse streuen.
Die Wraps nun aufrollen und nebeneinander in der Auflaufform platzieren, mit der Sauce übergießen und mit dem restlichen Käse bestreuen.
Die Form in den Ofen geben und etwa 10 Minuten backen, bis der Käse geschmolzen, aber noch nicht knusprig ist.
In der Zwischenzeit die Bacon-Streifen in einer Pfanne sehr knusprig braten und zusammen mit den Tortilla-Chips in ein kleines Schälchen bröseln.
Die Avocado schälen, halbieren und in kleine Stücke schneiden. Die Enchiladas aus dem Ofen nehmen, Bacon und Tortilla-Chips darüberbröseln und mit der Avocado belegen. Mit Koriander oder Petersilie bestreuen.

DRUNKEN THAI-CURRY

Thai-Curry war das allererste Gericht, das ich für meinen Mann gekocht habe. Ich weiß noch, dass es höllisch scharf war und wir uns beim Essen permanent die Nase geputzt haben, aber trotzdem nicht aufhören wollten, weil es so lecker geschmeckt hat. Inzwischen koche ich unser geliebtes Curry nicht nur für uns, sondern gerne auch für Gäste, denn es gibt kaum ein Gericht, das mit so wenig Aufwand so fantastisch schmeckt. Na gut, das Gemüseschnippeln kann schon etwas Zeit in Anspruch nehmen, der Rest hingegen ist ein Kinderspiel. Ob mit Aubergine, Karotten, Pilzen oder Brokkoli, ob mit Rind, Hühnchen, Garnelen oder vegetarisch mit Tofu bleibt ganz eurem Geschmack überlassen! Was ihr für ein authentisches Curry auf alle Fälle braucht, ist eine gute Currypaste, eine möglichst flüssige Kokosmilch, etwas braunen Zucker, ein wenig Limettensaft, Fisch- oder Sojasauce und natürlich Thaibasilikum. Ganz, ganz viel Thai-Basilikum! Wer experimentierfreudig ist, kann noch einen guten Schuss Rum dazugeben. So gut!

ZUBEREITUNGSZEIT:
ca. 25 Minuten
KOCHZEIT:
ca. 25 Minuten

FÜR 4–6 PERSONEN

900 g gemischtes Gemüse (z.B. Auberginen, Pilze, Paprika, Karotten, Süßkartoffeln, chinesischer Brokkoli)
600 g Hähnchenbrust (alternativ Garnelen oder Tofu)
Kokosöl
3 EL rote oder grüne Currypaste
1 l Kokosmilch
2 Stängel Zitronengras
3 cm Ingwer oder Galgant (Thai-Ingwer)
4 Kafir-Limettenblätter
Palm- oder brauner Zucker
Fisch- oder Sojasauce
Limettensaft
2–4 cl Rum nach Geschmack
optional: 2 kleine Vogelaugen-Chilis
1 Bund Thaibasilikum
etwas Koriander
80 g geröstete Cashewnüsse

Das Gemüse waschen, die Süßkartoffel schälen und würfeln, den Brokkoli in Röschen teilen, die Aubergine würfeln, die Karotten in dünne Räder schneiden, die Pilze halbieren.
Das Fleisch abbrausen, trockentupfen und in dünne Scheiben schneiden.
In einem großen Topf etwas Kokosöl erhitzen und die Currypaste darin 2–3 Minuten anrösten, bis sie zu duften beginnt.
Die Kokosmilch dazugeben und alles gut verrühren, bis sich die Paste vollständig mit der Milch verbunden hat.
Das Zitronengras schräg einschneiden, den Ingwer schälen und halbieren und alles zusammen mit den Limettenblättern zum Curry geben. Das Gemüse ebenfalls dazugeben, das Curry kurz aufkochen lassen und danach bei mittlerer Hitze etwa 20 Minuten köcheln lassen.
Das Fleisch dazugeben und weitere 5 Minuten köcheln.
Die Zitronengrasstängel und den Ingwer entfernen und das Curry mit Palmzucker, Fisch- oder Sojasauce, Limettensaft und nach Belieben mit Rum abschmecken. Wer mag, kann noch fein gewürfelte Chili dazugeben.
Die Thai-Basilikumblätter von den Stängeln abzupfen und mit dem Koriander dazugeben.
Das Curry mit Reis und den gerösteten Cashewnüssen servieren.

CREMIGER CHICKEN CHEESE POT PIE

Cremiges Hühnerfrikassee habe ich immer schon geliebt. Noch ein kleines bisschen besser wird es aber, wenn es sich mit geschmolzenem Käse unter einer buttrigen Teigdecke versteckt. Wenn Gäste kommen, mache ich lieber gleich eine doppelte Portion. Dazu gibt's eine Riesenladung Kartoffelpüree. Heimeliges Wohlfühlessen pur! Ohne das Hähnchen und mit Gemüse- statt Hühnerbrühe können auch Vegetarier mitessen!

ZUBEREITUNGSZEIT:
ca. 15 Minuten
KOCHZEIT:
35 Minuten
BACKZEIT:
20 Minuten

FÜR 6 PERSONEN
BZW. 2 CHICKEN CHEESE POT PIES

1 große Süßkartoffel oder 4 Karotten
4 Frühlingszwiebeln
300 g Champignons
4 Knoblauchzehen
½ Bund Petersilie
800 ml Hühnerbrühe
900 g Hähnchenbrust
70 g Butter
50 g Mehl
200 ml Milch
250 ml Sahne
Salz und Pfeffer
2 TL Kümmelpulver
400 g TK-Erbsen
etwas Zitronensaft und -abrieb
2 Packungen Blätterteig oder salziger Mürbeteig aus dem Kühlregal
200 g geriebener Cheddar
2 Eigelb

Den Ofen auf 200 °C Ober-/Unterhitze vorheizen.
Die Süßkartoffel bzw. die Karotten, die Frühlingszwiebeln und die Pilze putzen und in dünne Scheiben schneiden. Den Knoblauch schälen und fein hacken, die Petersilie ebenfalls hacken.
Die Hühnerbrühe in einem großen Topf erhitzen. Die Hähnchenbrüste waschen, eventuell von Sehnen befreien und zu der Brühe geben. Etwa 10 Minuten in der heißen Brühe unter verschlossenem Deckel ziehen lassen. Die Hähnchenbrüste anschließend aus der Brühe nehmen und in dünne Scheiben schneiden. Die Brühe aufbewahren.
In einem zweiten Topf die Butter zerlassen, den Knoblauch dazugeben und kurz mitdünsten. Das Mehl dazugeben und mit einem Kochlöffel einrühren. Nach und nach 600 ml Hühnerbrühe, die Milch und die Sahne einrühren und alles mit einem Schneebesen gut vermischen. Mit Salz, Pfeffer und Kümmelpulver würzen.
Das Gemüse dazugeben und etwa 20 Minuten mit köcheln lassen.
Das Fleisch sowie die Petersilie und den Zitronensaft und -abrieb dazugeben und eventuell nachwürzen.
In der Zwischenzeit den Teig aus dem Kühlschrank nehmen und entrollen.
Das Hühnerfrikassee in zwei mittelgroße Auflaufformen geben, mit dem Käse bestreuen und mit dem Teig bedecken.
Zuletzt die überschüssigen Teigreste an den Seiten entfernen und die Teigdecke mit etwas Eigelb bepinseln.
Im vorgeheizten Ofen etwa 20 Minuten backen bzw. bis die Teigdecke goldbraun ist.

SPAGHETTI

mit Mozzarella-Pesto-Hackbällchen und Gremolata

Seit meine Kinder den Film „Susi und Strolch" gesehen haben, darf ich Spaghetti nur noch mit Hackbällchen zubereiten. Auch bei meinen Gästen kommt dieses eher klassische Gericht immer gut an. Ob das jetzt am Nostalgiefaktor liegt oder vielleicht doch an Pesto und Mozzarella, die sich in die Hackbällchen geschlichen haben, weiß ich nicht genau. Fest steht aber, dass sie heiß und innig geliebt werden – von Klein und Groß!

ZUBEREITUNGSZEIT:
ca. 20 Minuten
KOCHZEIT:
30 Minuten

FÜR 6 PERSONEN

SPAGHETTI
3 große Knoblauchzehen
2 kleine Zwiebeln
1 Handvoll Basilikum
800 g gemischtes Hackfleisch
100 g geriebener Mozzarella
2 gehäufte EL rotes Pesto
4 EL Olivenöl + 3 EL Öl zum Braten
1000 g Spaghetti

SAUCE
1 Zwiebel
3 Knoblauchzehen
4 EL Olivenöl
2 EL Tomatenmark
2 EL Balsamico
1,5 EL brauner Zucker + etwas zum Abschmecken
50 ml kräftiger Rotwein (z.B. Cabernet oder Primitivo)
900 ml Passata
200 ml Rinder- oder Gemüsefond
3–4 TL frischer oder getrockneter Thymian, Rosmarin und Oregano
150 ml Sahne
Salz und Pfeffer
1–2 TL Kümmelpulver

AUSSERDEM
Gremolata (Rezept S. 32)
geriebener Parmesan

Den Knoblauch und die Zwiebeln schälen, zusammen mit dem Basilikum sehr fein hacken und in eine große Schüssel geben.
Das Hackfleisch, den geriebenen Mozzarella, das Pesto, das Öl und die Gewürze dazugeben und mit feuchten Händen zu einem Fleischteig verkneten. Aus der Masse etwa 20 Hackbällchen formen.
Für die Sauce die Zwiebel und den Knoblauch schälen und klein schneiden. In einem großen Topf Olivenöl erhitzen und die Zwiebeln und den Knoblauch bei mittlerer Hitze goldgelb und weich dünsten.
Das Tomatenmark, den Balsamico, den braunen Zucker und den Rotwein zugießen
und die Flüssigkeit bis ca. zur Hälfte einkochen lassen.
Nun die Passata, die Brühe und die getrockneten Kräuter dazugeben, alles kurz aufkochen und dann bei mittlerer Hitze weitere 20 Minuten köcheln lassen.
In der Zwischenzeit in einer großen Pfanne 3 EL Öl erhitzen und die Hackbällchen von allen Seiten gut anbraten und zum Garziehen in die Tomatensauce geben.
Während die Sauce köchelt, die Nudeln nach Packungsanweisung kochen und die Gremolata zubereiten.
Die Sahne zur Sauce geben und mit Salz, Pfeffer, etwas Kümmelpulver und Zucker nach eigenem Geschmack abschmecken. Die Nudeln abgießen und in die Pfanne zu den Hackbällchen in die Sauce geben, damit sich alles gut verbinden kann. Die Pasta mit geriebenem Parmesan und Gremolata servieren.

PASTA

mit Honig-Salbeibutter, Pinienkernen und Ziegenkäse

Ein einfaches Gericht mit ganz großer Wirkung!
Denn wenn noch leicht bissfeste Pasta auf würzige, braune Honig-Butter mit knusprigem Salbei trifft und dann noch von cremigem Ziegenkäse und einem Hauch Zitrone bedeckt wird, sind verzückte „Mhhms" und „Ohs" quasi vorprogrammiert. Zu ein paar Scheibchen selbstgemachter Bruschetta und einem Glas kühlen Rosé die perfekte Wahl für einen entspannten Abend in gemütlicher Runde!

ZUBEREITUNGSZEIT:
ca. 10 Minuten
KOCHZEIT:
20 Minuten

FÜR 4 PERSONEN

750 g Pasta (Spaghetti, Tagliatelle oder Mafaldine)
250 g Butter
3 große Knoblauchzehen
1 Bund Salbei (etwa 30–40 Blätter)
1,5 EL Honig
Salz und Pfeffer
Abrieb einer halben Zitrone sowie etwas Saft
4 Ziegenfrischkäsetaler
80 g Pinienkerne

Die Nudeln in kochendem Salzwasser nach Packungsanleitung kochen. In der Zwischenzeit die Butter in einer großen Pfanne schmelzen.
Den Knoblauch schälen, fein hacken und mit den Salbeiblättern zu der geschmolzenen Butter geben. Die Butter bei mittlerer Hitze schmurgeln, bis die Salbeiblätter leicht kross sind. 1 EL Honig dazugeben, gut verrühren und mit Salz und Pfeffer würzen.
Die Nudeln abgießen und noch nass in die Pfanne mit der Salbeibutter geben und alles gut vermischen. Mit der Zitronenschale und etwas Zitronensaft abschmecken und die Pasta auf vier Teller aufteilen. Über jede Portion jeweils 1 Ziegenkäsetaler zerbröseln. Mit Pinienkernen bestreuen und mit etwas frisch gemahlenem Pfeffer servieren.

PASTA

mit Scampi
und scharfer Wodka-Sahnesauce

Ein großer Topf Nudeln mit cremiger, chilischarfer Tomaten-Sahnesauce, einem ordentlichem Schuss Wodka und zarten, zitronigen Knoblauch-Garnelen: gestatten – mein absolutes Lieblingsgericht für Last-Minute-Einladungen! Die Zubereitung dieses wahr gewordenen Pastatraumes braucht von Anfang bis Ende nicht mal eine halbe Stunde und sorgt regelmäßig für wahre Begeisterungsstürme bei den Gästen. Besonders, wenn es dazu noch ofenwarme Pizzabrötchen gibt, um die herrliche Sauce bis zum letzten Tropfen aufzutunken!

ZUBEREITUNGSZEIT:
ca. 10 Minuten
KOCHZEIT:
ca. 20 Minuten

FÜR 6 PERSONEN

1000 g Spaghetti, Tagliatelle oder Mafaldine
5 Knoblauchzehen
2 kleine Zwiebeln
5 EL Olivenöl
600 g Garnelen (TK und aufgetaut)
Salz und Pfeffer
Abrieb und Saft einer halben Limette
800 g Passata (passierte Tomaten)
2 TL Gemüsebrühe (Pulver oder Paste)
50 ml Wodka
250 ml Sahne
etwas gehackte Petersilie
optional: 1–2 getrocknete Chilischoten
frisches Basilikum
2 Kugeln Büffelmozzarella

In einem großen Topf Wasser zum Kochen bringen und die Nudeln darin nach Packungsanleitung garen.
Die Knoblauchzehen und die Zwiebeln schälen und sehr fein hacken.
Das Olivenöl in einer tiefen Pfanne erhitzen und die gehackten Zwiebeln sowie den Knoblauch goldgelb garen, die aufgetauten Garnelen dazugeben und kurz mitbraten. Mit etwas Salz, Pfeffer und Limettensaft abschmecken und beiseitestellen. Die Passata und die Brühe hineingeben und alles etwa 10–15 Minuten köcheln lassen, bis die Sauce etwas eingedickt ist. Den Wodka, den Limettenabrieb und -saft, 1 Schöpfkelle des Nudelwassers sowie die Sahne dazugeben, mit Gewürzen, Petersilie und evtl. Chili abschmecken und kurz aufkochen.
Die Pasta abgießen, kurz abtropfen lassen und zu der Sauce geben und die Nudeln mit der Sauce etwa 3 Minuten auf niedriger Hitze durchziehen lassen.
Mit frischem Basilikum und Büffelmozzarella-Kugeln servieren.

Enis Geheimtipp:

Vegetarier können statt Garnelen auch Erbsen und Champignons in die Sauce geben – das schmeckt genauso gut!

FRUCHTIGES LINSENCURRY

mit Minz-Raita

Auf der Suche nach einem unvergesslichen Hauptgang mal ganz ohne Fisch und Fleisch? Wie wäre es mit diesem fruchtig-scharfen indischen Curry aus roten Linsen, Spinat und Kokosmilch, begleitet von kühlendem Joghurt mit frischer Minze und warmem, fluffigem Naanbrot, frisch aus der Pfanne? Dazu eine dampfende Schüssel Reis und alle sind zufrieden – versprochen! Wer es nicht ganz so scharf mag, lässt die ein oder andere Chilischote weg!

ZUBEREITUNGSZEIT: ca. 10 Minuten
KOCHZEIT: 25 Minuten

FÜR 4–6 PERSONEN

LINSENCURRY

3 mittelgroße Zwiebeln
6 große Knoblauchzehen
4 cm Ingwer
3 EL Kokosöl
1 EL Garam-Masala-Pulver
1 EL Jaipur-Curry
2 TL Kurkuma
2 TL Kümmelpulver
Salz und Pfeffer
500 ml passierte Tomaten
1 Dose cremige Kokosmilch
300 ml Gemüsebrühe
450 g rote Linsen
250 g frischer Babyspinat
3 EL Mango-Chutney, alternativ geht auch Aprikosenmarmelade
Saft und Abrieb einer Limette
Koriander zum Servieren
optional: getrocknete Chilischoten

MINZ-RAITA

1 große Knoblauchzehe
½ Bund Minze
etwas Koriander
300 g griechischer Joghurt
1 EL Olivenöl
Salz und Pfeffer
Zitronensaft nach Geschmack

Die Zwiebeln, den Knoblauch und den Ingwer schälen und fein hacken. Das Kokosöl in einen heißen Topf geben, die Zwiebeln, den Knoblauch, den Ingwer und die Gewürze bei mittlerer Hitze unter Rühren 2 Minuten andünsten. Die Zwiebeln mit den passierten Tomaten, der Kokosmilch und der Brühe ablöschen und die Linsen dazugeben. Alles kurz aufkochen, die Hitze etwas herunterdrehen und unter einem geschlossenen Deckel etwa 20–25 Minuten köcheln. Immer wieder umrühren, damit nichts anbrennt.
Währenddessen für die Raita den Knoblauch schälen. Die Minze, den Koriander und den Knoblauch fein hacken und mit dem Joghurt verrühren. Das Öl unterrühren und die Raita mit Salz, Pfeffer und Zitronensaft abschmecken.
Sobald die Linsen weich und fast zerfallen sind, den Spinat dazugeben und unterrühren. Mit Salz, Pfeffer, Chutney oder Marmelade sowie Limettensaft und -abrieb abschmecken. Nach Belieben mit Koriander und gehackten Chilischoten garnieren.

Enis Geheimtipp:

Dazu passt das Knoblauch-Naanbrot von S. 139.

KNOBLAUCH-NAANBROT

ZUBEREITUNGSZEIT:
ca. 15 Minuten
GEHZEIT:
1 Stunde
BACKZEIT:
15 Minuten

FÜR 6 BROTE

150 ml lauwarme Milch
2 EL Zucker
2 TL Trockenhefe
500 g Mehl
1 TL Salz
150 g griechischer Joghurt
2 EL Öl + etwas zum Benetzen
1 Ei (Gr. M)
50 g Butter
1 Knoblauchzehe
optional: 1 TL getrocknete Kräuter wie z.B. Thymian, Oregano, Rosmarin

Die Milch in eine Schüssel geben und mit 1 EL Zucker und der Hefe verrühren. Die Mischung etwa 15 Minuten ruhen lassen, bis sich die Hefe aufgelöst hat.
In eine größere Schüssel das Mehl, den restlichen Zucker, das Salz, den Joghurt und das Öl geben. Das Ei leicht verquirlen und zusammen mit der Milch-Hefemischung zum Mehl geben. Die Zutaten gut verkneten, bis sich ein elastischer und glatter Teig gebildet hat. Sollte der Teig zu klebrig sein, etwas Mehl dazugeben. Den Teig zu einer Kugel formen und mit etwas Öl benetzen. Die Schüssel mit einem Tuch abdecken und den Teig etwa 1 Stunde gehen lassen.
Den aufgegangenen Teig in 6 Kugeln teilen. Die Kugeln nacheinander mit der Hand plattdrücken und auf der bemehlten Arbeitsplatte mit einem Teigroller dünn ausrollen.
Eine große Pfanne auf dem Herd heiß werden lassen, mit etwas Öl bepinseln und die Teigfladen einzeln ausbacken. Dazu den Teig zuerst auf der einen Seite braten, bis er Blasen wirft, und dann mit einem Pfannenwender vorsichtig umdrehen und die andere Seite goldbraun rösten.
Die Butter in einem Topf schmelzen, die geriebene Knoblauchzehe und evtl. noch Kräuter dazugeben und kurz erwärmen und die Brote damit dünn bestreichen.

Enis Geheimtipp:

Am besten schmeckt Naanbrot, wenn es noch ganz frisch und warm ist! Falls ihr es schon vor dem Eintreffen der Gäste vorbereiten möchtet, könnt ihr es bei 50 °C 30–60 Minuten warm halten. Mit der Knoblauchbutter sollte man es jedoch erst vor dem Servieren bestreichen.

OFEN-HÄHNCHEN

mit Brie und Apfel

Süße Früchte und herzhafte Zutaten sind für mich ein echtes Dreamteam, und diese zarte Hähnchenbrust mit gebackenen Äpfeln, cremiger Sauce und geschmolzenem Brie finde ich besonders traumhaft – ein absolutes Wohlfühlgericht, praktischerweise direkt aus dem Ofen. Dazu ein frisches Baguette und ein eiskalter Weißwein und alle sind glücklich!

ZUBEREITUNGSZEIT:
ca. 20 Minuten
BACKZEIT:
ca. 30 Minuten

FÜR 4–6 PERSONEN

900 g Hähnchenbrust
(am besten Innenfilet oder Medaillons)
Salz und Pfeffer
3 große Äpfel (z.B. Boskop)
4 Knoblauchzehen
400 ml Sahne
1–2 EL Dijonsenf
1 ½ EL Honig
1–2 gehäufte TL Gemüsebrühepulver
2 Prisen Muskatnuss
1 TL Kümmelpulver
Abrieb einer halben Zitrone
+ etwas Saft
200 g Brie
5 Stängel Thymian

Den Backofen auf 200 °C Ober-/Unterhitze vorheizen und eine große Auflaufform leicht einfetten.
Die Hähnchenbrüste waschen und trockentupfen. Größere Hähnchenbrüste am besten dritteln. Mit Salz und Pfeffer würzen und in der Auflaufform auslegen. Die Äpfel ebenfalls waschen, schälen und entkernen. Die Äpfel entweder achteln oder in dünne Ringe schneiden. Die Apfelstücke über das Hähnchen legen.
Den Knoblauch schälen und durch eine Presse drücken.
In einer Rührschüssel die Sahne, den Senf, den Honig, den Knoblauch, das Brühepulver und die Gewürze mit einem Schneebesen gut verrühren. Mit Salz, Pfeffer, Zitronensaft und -abrieb abschmecken.
Die Sauce über das Fleisch und die Äpfel geben. Den Brie in dünne Scheiben schneiden und diese mit den abgezupften Thymianblättern über die Fleisch-Sahne-Mischung verteilen.
Im Ofen etwa 25–30 Minuten goldbraun backen. Nach etwa 20 Minuten etwas Alufolie über die Form legen, damit der Käse nicht zu dunkel wird.

PULLED-BEEF-CHILI

Um das Geheimnis von dem perfekten Chili con Carne ranken sich etliche Mythen. Fest steht jedenfalls, dass die Chili-Zubereitung mit Hackfleisch und Mais, wie wir sie hier Deutschland kennen, nur sehr wenig mit dem texanischen Original zu tun hat. Dort wird das scharfe Schmorgericht nämlich statt mit Hack mit Gulaschfleisch gekocht und auch Mais kommt in der ursprünglichen Version nicht vor. Dafür aber jede Menge dunkles Bier, Kaffee und sogar etwas Zartbitterschokolade. Klingt gewagt, schmeckt allerdings fantastisch.

ZUBEREITUNGSZEIT:
ca. 25 Minuten
KOCHZEIT:
ca. 4 Stunden

FÜR 6 PERSONEN
3 Zwiebeln
4 Knoblauchzehen
1,2 kg Rinderhüfte
3 EL Butterschmalz
800 g stückige Tomaten aus der Dose
4 EL Tomatenmark
2 TL Harissa
250 ml dunkles Bier
200 ml Rinderbrühe
150 ml starker Kaffee
3 EL Backkakao
(nach Geschmack auch mehr)
3 TL Paprikapulver
3 TL Kümmelpulver
½ TL Cayennepfeffer
3 EL brauner Zucker
2 TL Oregano
2–3 Prisen Piment
Salz und Pfeffer
2 Dosen schwarze Bohnen
Abrieb einer Limette + etwas Saft
Chilischoten nach Geschmack

Die Zwiebeln und den Knoblauch schälen und fein hacken.
Das Fleisch halbieren oder grob würfeln.
In einem großen Topf das Butterschmalz erhitzen und die Zwiebeln und den Knoblauch darin glasig braten. Das Fleisch dazugeben und von allen Seiten kurz anbraten.
Alle Zutaten bis auf die Bohnen sowie den Limettensaft und -abrieb dazugeben, kurz aufkochen lassen und unter geschlossenem Deckel 3–4 Stunden köcheln, bis das Fleisch sehr weich ist. Falls nötig, immer mal wieder etwas Flüssigkeit nachgießen. Jetzt kann man es mit der Gabel auseinanderziehen. Sollte die Sauce zu dünn sein, einfach kurz aufkochen lassen, bis sie etwas eindickt.
Zum Schluss die Bohnen dazugeben und kurz mitkochen.
Den Limettenabrieb und -saft hinzugeben und das Chili unbedingt gut nachwürzen. Vor allem, wenn noch Flüssigkeit hinzugegeben werden muss, kann die erforderliche Gewürzmenge stark variieren.
Mit Chili würze ich erst ganz am Ende, da der Eintopf durch die Harissapasta und den Cayennepfeffer schon recht würzig ist.
Dazu passen Guacamole, Sour Cream, mexikanischer Reis und frisches Baguette.

Enis Geheimtipp:

Ich gebe zu meinem Chili gern 1 EL Misopaste. Das gibt der Sauce mehr Tiefe und einen runden Geschmack!

OFEN-RISOTTO

mit knusprigem Orangen-Fenchel und Pangrattato

Ein cremiges Risotto ist für mich immer wieder ein Highlight und zugegeben auch mein Steckenpferd. Risotto kann ich. Trotzdem habe ich es nie wirklich gerne für Gäste gekocht, denn ein ordentliches Risotto braucht vor allem Zeit und Aufmerksamkeit. Dinge, die ich eigentlich lieber meinen Gästen schenken möchte. Wie gut, das ich vor Kurzem eine völlig neue Art entdeckt habe, mein Lieblingsreisgericht zuzubereiten: im Ofen! Ich kann es schon förmlich hören: ein Risotto aus dem Ofen? Und das funktioniert? So ganz ohne Rühren? Ich verstehe eure Skepsis, aber Fakt ist: Es funktioniert! Und nicht nur das, es schmeckt dazu noch ziemlich lecker!

ZUBEREITUNGSZEIT:
ca. 30 Minuten
KOCHZEIT:
30 Minuten

FÜR 4–6 PERSONEN

RISOTTO
- 2 mittelgroße Zwiebeln
- 3 Knoblauchzehen
- 100 g Butter + 2 EL zum Braten
- 2 EL Olivenöl
- 375 g Risottoreis
- 5 Stängel frischer Thymian
- Saft einer Orange
- 1,5 l Hühner- oder Gemüsebrühe
- Pangrattato (Rezept S. 34)
- 120 g Parmesan
- Salz und Pfeffer
- Saft und Abrieb einer halben Limette

FENCHEL
- 2 große Fenchelknollen
- 2 Knoblauchzehen
- 3 EL Olivenöl
- 3 EL Butter
- 2 EL Honig
- Saft einer Orange
- 2 TL Weißweinessig
- Salz und Pfeffer

Den Backofen auf 220 °C Ober-/Unterhitze vorheizen.
Die Zwiebeln und den Knoblauch schälen und fein hacken. In einem großen, ofenfesten Topf die Butter schmelzen. Das Olivenöl dazugeben und die Zwiebeln sowie den Knoblauch goldgelb braten. Den Risottoreis und den Thymian dazugeben, kurz mitdünsten. Den Reis mit dem Orangensaft und der Brühe aufgießen und gut verrühren. Etwa einen Schöpflöffel Brühe für später behalten. Den Deckel auf den Topf setzen und im vorgeheizten Ofen ca. 30 Minuten garen.
In der Zwischenzeit den Fenchel und den Pangrattato vorbereiten. Den Fenchel dafür unten vom Strunk und oben vom Grün befreien und in dünne Scheiben schneiden. Den Knoblauch schälen und durch eine Presse drücken. In einer großen Pfanne das Olivenöl und die Butter erhitzen und die Fenchelscheiben darin goldbraun und weich schmoren. Den Knoblauch, den Honig, den Orangensaft und den Essig dazugeben und kurz karamellisieren lassen. Mit Salz und Pfeffer würzen.
Den Pangrattato nach Rezept (Seite 34) zubereiten.
Das Risotto nach Ende der Garzeit aus dem Ofen holen. Die restliche Brühe, den Parmesan, die Butter, den Limettenabrieb und -saft dazugeben, den Topf mit dem Deckel verschließen und das Risotto etwa 3 Minuten ruhen lassen. Danach alles gut durchmischen, mit Salz und Pfeffer nachwürzen und mit dem Fenchel sowie dem Pangrattato servieren.

Enis Geheimtipp:

Wer mag, kann dazu natürlich auch noch Fleisch oder Fisch servieren! Ich kann mir gut vorstellen, dass sich im Ofen noch etwas Platz für einen leckeren Lachs oder ein schönes Schweinefilet findet!

BESONDERE BEGLEITER

Egal ob beim Weihnachtsdinner, beim sommerlichen Barbecue oder beim Silvester-Raclette: Am meisten freue ich mich auf die Beilagen. Meiner Meinung machen sie ein Menü erst so wirklich rund, und mit der richtigen Zubereitung sind Beilagen manchmal sogar so lecker, dass sie das Hauptgericht nicht selten in den Schatten stellen. Deshalb kommen bei mir zum Hauptgericht immer eine ganze Menge unterschiedlicher Köstlichkeiten auf den Tisch. Neben den Klassikern wie Kartoffeln oder Reis serviere ich gerne noch ein paar außergewöhnliche Gemüsebeilagen. Der Mix aus Alt und Neu kommt bei meinen Gästen besonders gut an!

EINFACHES KARTOFFELPÜREE MIT KNOBLAUCHBUTTER UND PARMESAN

Eines ist sicher: Alle lieben Kartoffelpüree! Mit seiner cremig-seidigen Konsistenz ist es der perfekte Begleiter zu Fleisch und Fischgerichten jeglicher Art, egal ob kurzgebraten, aus dem Ofen oder mit ganz viel Sauce! Das Wichtigste für ein gutes Püree sind übrigens gute Kartoffeln – die kaufe ich am liebsten auf dem Markt! Ansonsten braucht man nur noch eine ordentliche Portion Butter, etwas Milch, ein Schlückchen Sahne, ein bisschen Salz und Pfeffer – und fertig ist das Lieblingsgericht! Wer Experimente nicht scheut, kann übrigens noch Käse, Knoblauch und Kräuter ins Spiel bringen oder es gleich mal mit einer etwas ausgefalleneren (dafür aber mindestens genauso leckeren) Variante probieren: Die Rede ist von Süßkartoffelpüree. Mit wärmenden Gewürzen wie Kümmelpulver, Zimt und Cayennepfeffer eine fantastische Alternative und mit seiner leuchtend orangenen Farbe ein echter Hingucker!

ZUBEREITUNGSZEIT:
ca. 20 Minuten
KOCHZEIT:
25 Minuten

FÜR 4–6 PERSONEN
1,5 kg mehlig kochende Kartoffeln
Salz und Pfeffer
3–4 Knoblauchzehen
80 g Parmesan
90 g Butter
180 ml Milch
etwas Muskat
optional: 2–4 Streifen knusprig gebratener Bacon

Die Kartoffeln schälen, waschen und vierteln.
In einem großen Topf reichlich Salzwasser zum Kochen bringen, die Kartoffeln dazugeben und in etwa 25 Minuten weichkochen.
In der Zwischenzeit die Knoblauchzehen schälen und pressen und den Parmesan reiben.
In einem kleinen Topf die Butter schmelzen, den Knoblauch dazugeben und auf mittlerer Hitze vorsichtig weiterköcheln, bis die Butter leicht braun ist.
Die gekochten Kartoffeln abgießen und die Milch, die Butter und den Parmesan dazugeben. Die Kartoffeln mit dem Schneebesenaufsatz eines Rührgerätes etwa 3–5 Minuten lang cremig rühren.
Das fertige Kartoffelpüree mit Salz, Pfeffer und etwas Muskat abschmecken.

Enis Geheimtipp:

Wer mag, kann den Kartoffelbrei noch mit knusprigen Speckstückchen toppen!
Dazu einfach die Speckstreifen in einer Pfanne knusprig braten und über dem Püree zerbröseln.

WELTBESTES SÜSSKARTOFFEL-PÜREE

ZUBEREITUNGSZEIT:
ca. 20 Minuten
KOCHZEIT:
25 Minuten

FÜR 4–6 PERSONEN
1500 g Süßkartoffeln
3 Knoblauchzehen
100 ml Milch
85 g Butter
Salz und Pfeffer
3 Prisen Cayennepfeffer
3 Prisen Kümmelpulver
3 Prisen Zimt

Die Süßkartoffeln schälen und grob würfeln.
Einen Topf mit 1,5 l Wasser zum Kochen bringen, die Süßkartoffelwürfel dazugeben und in etwa 25 Minuten weichgaren.
In der Zwischenzeit den Knoblauch schälen und in sehr dünne Scheiben schneiden.
In einem kleinen Topf die Milch aufsetzen, den Knoblauch dazugeben und auf mittlerer Hitze 20 Minuten ganz sacht köcheln.
Zum Schluss die Butter zu der Milch geben und schmelzen.
Die Süßkartoffeln abgießen und im noch heißen Topf kurz ausdampfen lassen. Die Knoblauch-Milch-Buttermischung sowie die Gewürze dazugeben und alles mit einem Stabmixer glatt pürieren.

Enis Geheimtipp:

Das Süßkartoffelpüree schmeckt besonders lecker mit ein wenig Dukkah (Rezept S. 33) bestreut!

EXTRA KÄSIGES KARTOFFELGRATIN

mit Äpfeln und Rosmarin

Sahnig, knusprig, lecker – Kartoffelgratin gehört auf der Liste meiner Lieblingsbeilagen definitiv ganz weit nach oben! Ob zu Fleisch oder zu Fisch, Kartoffelgratin ist ein echter Allrounder und lässt die Herzen meiner Gäste regelmäßig höherschlagen. Zu den üblichen Verdächtigen wie Kartoffeln und Sahne gesellen sich in dieser Version noch süß-säuerliche Apfelscheiben und viel frischer Rosmarin. Ein Geheimtipp von Oma Magda! Besonders lecker wird das Gratin aber vor allem durch den Käse! Der wird nämlich nicht nur ganz klassisch als Topping verwendet, sondern bereits auf die einzelnen Schichten gestreut und sorgt dafür, dass das Gratin extra cremig wird!

ZUBEREITUNGSZEIT:
ca. 25 Minuten
BACKZEIT:
45 Minuten

FÜR 4–6 PERSONEN
2 kleine Knoblauchzehen
2 Stängel Rosmarin
1 kg mittelgroße Kartoffeln (vorwiegend festkochend)
2 kleine Äpfel
250 ml Sahne
150 g Kräuter-Crème-fraîche
1 TL Brühepulver
Salz und Pfeffer
½ TL Prise Muskat
30 g Butter
200 g geriebener Käse (z.B. Gouda und Cheddar)

Den Backofen auf 175 °C Ober-/Unterhitze vorheizen.
Den Knoblauch schälen und fein hacken. Die Rosmarinblätter vom Stängel zupfen und ebenfalls fein hacken.
Die Kartoffeln und die Äpfel schälen und mit einem Hobel sehr fein hobeln. Bei den Äpfeln das Kerngehäuse aussparen.
In einer Schüssel die Sahne und die Crème fraîche mit dem Brühepulver verrühren, den Knoblauch und den fein gehackten Rosmarin dazugeben. Mit Salz, Pfeffer und Muskat abschmecken.
Eine Auflaufform mit etwas Butter einfetten und die Kartoffeln fächerartig darin auslegen und dabei auch immer wieder Äpfel dazwischen schichten.
Über jede Schicht etwas geriebenen Käse streuen und den Vorgang so lange wiederholen, bis die Kartoffeln und die Äpfel aufgebraucht sind.
Die Sahnemischung über die Kartoffeln gießen und die Butter als Flöckchen darübergeben.
Das Gratin zuletzt mit dem Käse bestreuen und im vorgeheizten Ofen etwa 40–45 Minuten goldbraun backen.
Am besten schmeckt Kartoffelgratin natürlich frisch aus dem Ofen, aber ihr könnt es auch problemlos 1–2 Stunden vorab vorbereiten und vor dem Servieren kurz erwärmen!

Enis Geheimtipp:

Für einen intensiveren Geschmack können die Käsesorten problemlos variiert werden.
Am besten ist es, jeweils zwei verschiedene Sorten zu verwenden, eine etwas mildere und eine kräftigere z.B. Mozzarella und Gruyère, Gouda und Roquefort.
Statt Rosmarin können je nach Belieben auch Thymian, Majoran oder Salbei verwendet werden.

MEINE 5 LIEBSTEN GEMÜSEBEILAGEN

Um Gemüsebeilagen habe ich als Kind oft einen großen Bogen gemacht. Fad, zerkocht und irgendwie farblos konnte ich mit Karotten, Brokkoli, Spargel & Co. nicht wirklich viel anfangen. Glücklicherweise habe ich mit den Jahren meine Vorurteile über Bord geworfen und selbst Hand angelegt. Und siehe da: Es geht auch anders! Richtig zubereitet und mit ein paar aufregenden, ungewöhnlichen Aromen ist das Gemüse mittlerweile oft das ganz große Highlight des Menüs!

KARAMELLISIERTE PILZE

mit Thymian, Zitrone und Knoblauch

ZUBEREITUNGSZEIT:
ca. 10 Minuten
KOCHZEIT:
20 Minuten

FÜR 4–6 PERSONEN
500 g Champignons (am besten kleine)
3 große Knoblauchzehen
5 Stängel Thymian, davon die Blättchen
3 EL Butterschmalz oder Ghee
1 EL Pflanzenöl
2 EL Honig oder Ahornsirup
Saft und Abrieb einer halben Zitrone
etwas Weißwein oder Wasser
Salz und Pfeffer

Die Champignons putzen und, falls nötig, trockentupfen. Den Knoblauch schälen und pressen, die Thymianblättchen vom Stängel abzupfen.
In einer großen Pfanne 2 EL Butterschmalz und das Öl erhitzen, die Champignons im Ganzen in die Pfanne geben (größere Champignons halbieren) und bei mittlerer Hitze rundum braun rösten.
Nach etwa 5 Minuten den Knoblauch und die Thymianblättchen in die Pfanne geben und alles 2–3 Minuten weitergaren.
Die Hitze nun etwas hochdrehen und 1 weiteren EL Butterschmalz zusammen mit dem Honig, dem Zitronensaft und etwas Weißwein oder Wasser in die Pfanne geben. Die Champignons unter Rühren karamellisieren lassen.
Die Zitronenschale dazugeben und alles mit Salz, Pfeffer und, falls nötig, mit etwas mehr Honig abschmecken.

GRÜNE BOHNEN

mit Bacon und Karamellbutter

ZUBEREITUNGSZEIT:
ca. 20 Minuten

FÜR 4–6 PERSONEN

400 g grüne Bohnen
100 g Bacon
4 EL Butter
1 EL Karamellcreme
Salz und Pfeffer

Einen großen Topf mit Wasser aufsetzen und zum Kochen bringen. Die Bohnen dazugeben und etwa 3–4 Minuten blanchieren. Die Bohnen abgießen und mit eiskaltem Wasser abschrecken.
Eine große Pfanne erhitzen und den Speck darin knusprig braten. Den Speck aus der Pfanne nehmen und die Butter sowie die Karamellcreme zu dem Speckfett geben und auf mittlerer Hitze schmelzen lassen. Die Bohnen dazugeben und gut mit der Karamellbutter vermischen. Mit Salz und Pfeffer würzen und mit dem zerbröselten Speck servieren.

MISO-AUBERGINEN

ZUBEREITUNGSZEIT:
ca. 10 Minuten
KOCHZEIT:
20 Minuten

FÜR 6 PERSONEN
500 g Auberginen
4 Knoblauchzehen
1 EL helle Misopaste
2 EL Sojasauce
1 EL Ahornsirup
etwas Limettensaft
2 EL Butter
5 EL neutrales Öl
Sesam zum Bestreuen
optional: Chiliflocken

Die Auberginen längs halbieren und in grobe Stifte schneiden. Die Knoblauchzehen schälen und durch eine Knoblauchpresse drücken. Mit der Misopaste, der Sojasauce, dem Ahornsirup und dem Limettensaft zu einer Marinade verrühren.
Eine tiefe Pfanne oder einen Wok auf mittlerer Stufe erhitzen, die Butter und das Öl dazugeben und die Auberginen unter Rühren braten, bis sie schön weich sind. Die Miso-Marinade dazugeben und etwa 1–2 Minuten mit den Auberginen aufkochen.
Mit Sesam und nach Belieben mit Chiliflocken bestreuen.

SWEET-CHILI-BROKKOLI

mit Erdnüssen

ZUBEREITUNGSZEIT:
15 Minuten
KOCHZEIT:
ca. 15 Minuten

FÜR 4–6 PERSONEN
500 g Brokkoli in Röschen oder alternativ Thai-Brokkoli
3 Knoblauchzehen
1 cm Ingwer
4 EL neutrales Öl
3 EL Sojasauce
3 EL Sweet-Chili-Sauce
Saft einer kleinen Limette
5 EL gehackte Erdnüsse

Den Brokkoli vom Strunk befreien und in mundgerechte Röschen abteilen. Den Knoblauch und den Ingwer schälen und fein hacken. Einen großen Topf mit Wasser aufsetzen und zum Kochen bringen. Die Brokkoli-Röschen dazugeben, etwa 3–4 Minuten blanchieren, abgießen und gut abtropfen lassen.
In einer großen Pfanne das Öl erhitzen. Den Brokkoli, den Knoblauch und den Ingwer in die Pfanne geben und 3–4 Minuten auf mittlerer Hitze anbraten. Die Sojasauce, die Sweet-Chili-Sauce und den Limettensaft dazugeben und ein paar Minuten weiterbraten.
Mit den gehackten Erdnüssen servieren.

SPARGEL MIT KNOBLAUCH

und Parmesan

ZUBEREITUNGSZEIT:
ca. 10 Minuten
KOCHZEIT:
ca. 15 Minuten

FÜR 4–6 PERSONEN
500 g grüner Spargel
2 große Knoblauchzehen
20 g Butter
3 EL Rapsöl
etwas Limettensaft
Salz und Pfeffer zum Würzen
50 g geriebener Parmesan

Den Spargel unter fließendem Wasser waschen und gut abtropfen lassen, anschließend die holzigen Enden entfernen.
Einen Topf Wasser zum Kochen bringen und den Spargel darin 3–5 Minuten blanchieren, anschließend abgießen und mit kaltem Wasser abschrecken. Mit etwas Küchenkrepp vorsichtig trockentupfen.
In der Zwischenzeit den Knoblauch schälen und durch eine Presse drücken.
In einer großen Pfanne Butter und Öl erhitzen. Den Spargel hinzufügen und auf mittlerer Hitze in 5–7 Minuten goldbraun rösten. Den Knoblauch nach Hälfte der Zeit hinzugeben und mitbraten. Den Spargel mit etwas Limettensaft beträufeln, mit Salz und Pfeffer würzen und großzügig mit dem Parmesan bestreuen.

Enis Geheimtipp:

Um das Beste aus Gemüse herauszuholen, immer ein bisschen Süße (Honig, Ahornsirup oder Agavendicksaft), Säure (Orangen-, Zitronen-, Limettensaft und -abrieb, Balsamico, Apfelessig) und Fett (Butter, Öl) hinzugeben. Auch noch wichtig: Das Würzen nicht vergessen. Vor allem Salz und Knoblauch, aber auch Ingwer wirken oft geschmackliche Wunder.

ZWEIERLEI REIS

Es gibt kaum eine Beilage, die so variabel ist wie Reis! Je nach Hauptgericht serviere ich Reis pur, aber auch sehr gerne aromatisiert. Meine liebsten Varianten sind Koriander-Sesam-Reis zu asiatischen Gerichten und mexikanischer Reis mit Tomaten und Gewürzen.

MEXIKANISCHER REIS

ZUBEREITUNGSZEIT: ca. 10 Minuten
KOCHZEIT: 30 Minuten

FÜR 4–6 PERSONEN
200 g ungekochter Reis
2 Knoblauchzehen
3 EL Öl
500 ml passierte Tomaten
150 ml Gemüsebrühe
1 TL Kümmelpulver
1 TL Knoblauchpulver
2 Prisen Cayennepfeffer
Zucker zum Abschmecken
etwas Limettensaft
Salz und Pfeffer
etwas fein gehackter Koriander

Den Reis nach Packungsanweisung kochen.
In der Zwischenzeit die Knoblauchzehen schälen und pressen.
In einem großen Topf das Öl erhitzen, den Knoblauch dazugeben und auf mittlerer Hitze weichgaren. Die passierten Tomaten, die Brühe und die Gewürze dazugeben und etwa 10 Minuten auf mittlerer Hitze köcheln lassen. Mit etwas Zucker, Limettensaft, Salz und Pfeffer abschmecken.
Den gekochten Reis mit der Tomatensauce vermischen und gut nachwürzen. Mit gehacktem Koriander servieren.

KORIANDER-SESAM-REIS

ZUBEREITUNGSZEIT: ca. 10 Minuten
KOCHZEIT: 25 Minuten

FÜR 4–6 PERSONEN
200 g ungekochter Reis
2 Knoblauchzehen
1 Bund Koriander
2 EL Butter
1 EL geröstetes Sesamöl
2 TL Limettenschale
1 TL Orangenschale
Salz
4 EL gerösteter weißer Sesam
1 EL schwarzer Sesam

Den Reis nach Packungsanweisung kochen.
Den Knoblauch schälen und durch eine Knoblauchpresse drücken, den Koriander fein hacken.
Die Butter in einem kleinen Topf schmelzen und mit dem Sesamöl vermischen. Den Koriander, die Zitrusschalen und den Knoblauch mit der Butter-Sesamölmischung verrühren. Mit Salz abschmecken.
Den Reis dazugeben und gut vermischen. Mit dem gerösteten Sesam und den schwarzen Sesamkörnern servieren.

BUNTES OFENGEMÜSE

mit Aioli

Eine geniale Beilage, die sich wunderbar vorbereiten lässt und allen schmeckt!
Das Besondere an Ofengemüse ist, dass es je nach Menü, Geschmack und Saison zusammengestellt werden kann!
Während bei mir im Herbst und im Winter bevorzugt Kürbis, Rote Bete, Pastinake oder Karotten aufs Blech wandern, bevorzuge ich im Sommer Paprika, Zucchini, Brokkoli, Fenchel und grünen Spargel.
Nur die Kartoffeln, die müssen für mich immer mit dabei sein! Je nach Gemüsesorte suche ich die passenden Gewürze aus. Knoblauch, Rosmarin, Zitrone, Kümmelpulver, Zimt oder Curry – erlaubt ist, was schmeckt!
Nach der Hälfte der Backzeit gebe ich gerne noch etwas Ahornsirup oder Honig über das Gemüse!
Dadurch wird es richtig schön knusprig und bekommt ein tolles Aroma!

ZUBEREITUNGSZEIT:
ca. 20 Minuten
BACKZEIT:
40 Minuten

FÜR 4–6 PERSONEN

6 große Kartoffeln
1 Süßkartoffel
2–4 kleine Rote Bete
2 rote Zwiebeln
1 Fenchelknolle
4 Karotten
(gerne unterschiedliche Farben)
3 Knoblauchzehen
1 cm Ingwer
5 EL Olivenöl
2 EL Ahornsirup
1 EL fein gehackte Rosmarinnadeln
1 TL Kümmelpulver
Cayennepfeffer
Salz und Pfeffer
Saft und Abrieb einer halben Limette
Aioli (Rezept S. 29)

Den Ofen auf 200 °C Ober/Unterhitze vorheizen.
Das Gemüse, falls nötig, schälen und je nach Größe vierteln oder achteln; die Stücke sollten ungefähr gleich dick sein.
Die Knoblauchzehen und den Ingwer schälen und fein reiben.
Mit dem Olivenöl, dem Ahornsirup, dem Rosmarin, den Gewürzen und dem Limettensaft sowie den Zesten zu einer Marinade verrühren.
Die Marinade in einen großen Gefrierbeutel geben. Das Gemüse (bis auf die Rote Bete) dazugeben und ordentlich durchschütteln.
Das Gemüse auf ein Backblech geben und zuletzt auch die Rote Bete nochmal kurz in den Gefrierbeutel geben und marinieren.
Die Rote Bete ebenfalls auf das Blech geben, alles nochmal mit Salz und Pfeffer würzen und im Ofen etwa 35–40 Minuten rösten.
Während dessen die Aioli zubereiten (Rezept S. 29).
Das Gemüse aus dem Ofen nehmen und am besten auf dem Blech servieren.

DAS BESTE KOMMT ZUM SCHLUSS: KÖSTLICHE KUCHEN & DESSERTS ZUM DAHINSCHMELZEN

Desserts sind definitiv der krönende Abschluss eines jeden Essens. Egal wie gut man zuvor bei Vorspeise und Hauptgericht zugelangt hat, für ein kleines Gläschen Panna cotta, ein Schälchen warmer Beeren-Crumble mit einer Kugel Vanilleeis oder einem extra „fudgy" Himbeer-Brownie ist doch immer noch irgendwo ein Plätzchen frei!

BROWNIE-KUCHEN

mit Himbeeren und Amarettini

Vor etlichen Jahren verbrachte ich Silvester in London. Ich erinnere mich noch, dass mich mein erster Weg in der britischen Metropole direkt in eines von Jamie Olivers Restaurants führte. Wie nicht anders zu erwarten, war das Essen fantastisch. Ganz besonders angetan hatte es mir der Nachtisch: ein klitzekleiner (dafür aber sehr sündiger) Brownie mit Himbeeren und kleinen Amarettini-Stückchen. Zuhause angekommen durchforstete ich das Internet auf der Suche nach dem Rezept – leider erfolglos. Da aufgeben allerdings keine Option war, schnappte ich mir kurzerhand mein Lieblings-Brownierezept und nach zwei, drei Versuchen war ich mit dem Ergebnis vollauf zufrieden. Die leicht säuerliche Süße der Himbeeren ist die perfekte Geheimwaffe, um schweren schokoladigen Süßspeisen wie z.B. Mousse au Chocolat oder Brownies ein bisschen mehr Leichtigkeit zu verleihen. Wichtig ist es übrigens, frische bzw. sehr gut abgetropfte Himbeeren zu nehmen, da gefrorene Beeren beim Backen sehr viel Flüssigkeit verlieren und die Konsistenz des Kuchens negativ beeinflussen.

ZUBEREITUNGSZEIT:
ca. 20 Minuten
BACKZEIT:
20 Minuten

FÜR 10–12 STÜCK

250 g Zartbitterschokolade
250 g Butter
+ etwas zum Fetten der Form
4 Eier (Gr. L)
280 g brauner Zucker
1 TL Vanillepaste
1 Prise Meersalz
140 g Mehl
85 g weiche Amarettini
135 g frische Himbeeren

Den Ofen auf 175 °C Ober-/Unterhitze vorheizen.
Die Schokolade grob hacken, die Butter würfeln und beides in einem kleinen Topf über einem heißen Wasserbad langsam schmelzen.
In einer mittelgroßen Rührschüssel die Eier mit einem Schneebesen kurz aufschlagen und den Zucker, die Vanillepaste und das Salz einrühren.
Die abgekühlte Schoko-Buttermischung dazugeben und gut verrühren.
Nun das Mehl in die Masse sieben und vorsichtig unterrühren.
Die Amarettini mit den Händen leicht zerbröseln und zusammen mit den Himbeeren unterheben.
Eine rechteckige Backform mit etwas Butter ausfetten und mit Backpapier auslegen.
Den Teig in die Form geben und die Oberfläche mit einem Teigschaber oder Löffel glattstreichen.
Im vorgeheizten Ofen auf mittlerer Schiene etwa 20 Minuten backen und die Stäbchenprobe machen. Es darf ruhig etwas Teig am Stäbchen kleben, weil der Kuchen innen noch saftig sein soll, aber es sollte nicht zu viel Teig am Stäbchen sein.
Die Brownies vor dem Servieren komplett auskühlen lassen und mit einem scharfen Messer in Vierecke teilen.
Dazu schmecken Vanilleeis und Sahne.

HIMMLISCHER BEEREN-CRUMBLE

mit Marzipanstreuseln

Ein Crumble ist der perfekte Nachtisch, wenn es draußen kalt, ungemütlich und grau ist. Ob mit Äpfeln, Beeren oder mit Steinobst, Crumble ist unheimlich vielseitig und lässt sich ganz einfach zubereiten. Meinen Gästen serviere ich am liebsten diesen Beeren-Crumble mit zarten Marzipanstreuseln. Und wenn das Ganze noch von einem Löffel leicht säuerlicher Crème fraîche getoppt wird, sind sich alle einig: Widerstand ist zwecklos!

ZUBEREITUNGSZEIT:
ca. 15 Minuten
BACKZEIT:
20 Minuten

FÜR 4–6 PERSONEN

CRUMBLE

750 g gemischte TK-Beeren
2 EL Vanillezucker
½ TL Zimt
Saft einer halben Limette
optional: 50 g Marzipanrohmasse in Stücken

STREUSEL

100 g Mehl (Weizen- oder Dinkelmehl)
70 g kalte Butter
85 g Marzipanrohmasse
30 g brauner Zucker
30 g Puderzucker
1 TL Zimt
1 Prise Salz
Abrieb einer halben Limette
65 g gehackte Pekannüsse

Den Backofen auf 175 °C Ober-/ Unterhitze vorheizen und die aufgetauten Beeren in eine Auflaufform geben.
Den Vanillezucker mit ½ TL Zimt vermischen und mit dem Limettensaft über das Obst geben und kurz marinieren lassen. Falls gewünscht, 50 g Marzipanrohmasse in kleine Stückchen schneiden und zu den Beeren geben.
Für die Streusel das Mehl in eine Schüssel sieben. Die kalte Butter in Stücken, das Marzipan, den braunen Zucker, den Puderzucker, den Zimt, eine Prise Salz sowie den Limettenabrieb dazugeben und mit den Knethaken eines Handrührgerätes oder mit den Händen zu Streuseln verarbeiten.
Die Streusel über den Beeren verteilen und mit den gehackten Nüssen bestreuen. Auf der mittleren Schiene des Backofens goldbraun backen.
Dazu passt: Vanilleeis, griechischer Joghurt oder Schlagsahne!

Enis Geheimtipp:

Wer mag, kann zu den Beeren noch einen Schuss Rum dazugeben.
Im Winter passt auch Glühwein.
Dann aber noch 1 zusätzlichen EL Zucker dazugeben.

CREMIGE NOUGAT-PANNA-COTTA

Panna cotta war neben Tiramisu schon seit jeher mein absolutes Go-To-Dessert. Die Zubereitung ist wirklich ein Kinderspiel, und das Endergebnis jedes Mal ein Traum! Das Originalrezept verlangt nach Sahne, Vanille, Zucker und Gelatine; da ich aber irgendwann mal Lust auf etwas Neues hatte, kam mir die Idee, mein Glück mit Nougat zu versuchen! Zugegeben: Ein Dessert, das hauptsächlich aus Sahne und Nougat besteht, mag schon etwas dekadent klingen, aber wenn etwas soooo lecker schmeckt, ist es auf jeden Fall die Sünde wert. Da Nougatmasse an sich schon sehr viel Süße mitbringt, kommt hier nur noch ein Teelöffelchen Vanillezucker ins Spiel. Wer der Süße etwas entgegensetzen möchte, kann es mit einer Beerensauce oder einem leicht säuerlichen Orangenragout versuchen!

ZUBEREITUNGSZEIT:
ca. 20 Minuten
KÜHLZEIT:
5 Stunden

FÜR 6 PERSONEN

5 Blätter weiße Gelatine
1 Vanilleschote
100 g Nussnougatmasse
600 ml Sahne
1 TL Vanillezucker
1 Prise Salz

Die Gelatine in kaltem Wasser einweichen.
Die Vanilleschote längs einschneiden und das Mark vorsichtig mit einem Messer auskratzen; die Nougatmasse in Würfel schneiden.
In einem kleinen Topf die Sahne zusammen mit dem Vanillezucker, 1 Prise Salz, den Nougatwürfeln, der Vanilleschote und dem Mark erhitzen, bis die Nougatmasse vollständig geschmolzen ist.
Die Gelatine gut ausdrücken, zur warmen Sahnemischung geben und mit einem Schneebesen gut unterrühren.
Die Panna cotta in 6 kleine Gläschen füllen und im Kühlschrank mindestens 5 Stunden, besser aber über Nacht kaltstellen.

Enis Geheimtipp:

Für klassische Panna cotta einfach die Nougatmasse durch 75 g Zucker ersetzen!

KARDAMOM-CARROT-CAKE

mit Zimtcreme

Rüblikuchen war nicht immer mein Ding. Aus meiner Kindheit hatte ich ihn ziemlich trocken und unspektakulär in Erinnerung. Das änderte sich allerdings, als ich vor etlichen Jahren in Thailand in einem winzigen Hippie-Café den weltbesten Carrot Cake probierte. Saftig, etwas fruchtig, mit jeder Menge wärmender Gewürze und einem Mascarpone-Topping zum Dahinschmelzen. Bereits nach dem ersten Bissen war klar, dass ich das Café nicht ohne das Rezept verlassen würde!

ZUBEREITUNGSZEIT:
ca. 25 Minuten
BACKZEIT:
40 Minuten
KÜHLZEIT:
ca. 30 Minuten

FÜR 10–12 STÜCKE

CARROT CAKE
200 g weiche Butter
+ etwas zum Fetten der Form
250 g Karotten
150 g Dinkelmehl
1 TL Backpulver
150 g gemahlene Haselnüsse
125 g gehackte Walnüsse
50 g gehackte Pistazien
2 gestrichene TL Zimt
etwas Muskat
1 Prise gemahlener Ingwer
3 Msp. Kardamom
5 Eier (Gr. L)
Salz
190 g brauner Zucker
Saft und Abrieb von einer Orange

TOPPING
150 g Mascarpone
50 g Frischkäse
50 g Puderzucker
2 EL Honig + 1 zusätzlicher EL Honig
1 TL Zimt
Abrieb von einer Limette
50 g Pistazien

Den Ofen auf 180 °C vorheizen. Eine Springform mit etwas Butter ausfetten und mit Backpapier auslegen.
Die Karotten grob raspeln und zur Seite stellen.
In einer Schüssel Mehl, Backpulver, gemahlene Haselnüsse, gehackte Walnüsse und Pistazien sowie Zimt, Muskat, Ingwer und Kardamom verrühren.
Die Eier trennen und zuerst das Eiweiß mit einer Prise Salz steif schlagen.
Nun die weiche Butter und den Zucker in eine Rührschüssel geben und mit einem Handrührgerät schaumig rühren.
Die Eigelbe einzeln nacheinander dazugeben und weiterrühren.
Als Letztes den Orangensaft und die Orangenschale unterrühren.
Die Mehl-Nussmischung sowie die geraspelten Karotten dazugeben und alles gut vermischen.
Zuletzt das geschlagene Eiweiß vorsichtig unter den Teig heben und den Teig in die vorbereitete Form füllen.
Den Kuchen in etwa 35–40 Minuten im vorgeheizten Ofen goldbraun backen.
Den Holzstäbchentest machen und den Kuchen vor dem Entfernen der Form vollständig auskühlen lassen.
Für die Creme den Mascarpone, den Frischkäse, den Puderzucker, 2 EL Honig, den Zimt und den Limettenabrieb in eine Rührschüssel geben und mit einem Handrührgerät cremig rühren.
Die Creme etwa 30 Minuten kaltstellen und anschließend den abgekühlten Kuchen großzügig damit bestreichen.
Den Kuchen zum Schluss mit den Pistazien bestreuen und mit etwas Honig beträufeln.

SUPERSCHOKOLADIGE CHOC-CHIP-COOKIE-MOUSSE

Luftig, lockere Schokomousse, mürbe Chocolate-Chip-Cookie-Stückchen, säuerlich-süße Himbeeren und ein Hauch Meersalz – dieser Nachtisch hat es wirklich in sich und lässt das Herz eines jeden Schokoholics höherschlagen. Damit es nicht allzu süß wird, verwende ich fast hauptsächlich Zartbitterschokolade und gebe dafür auch gerne mal ein paar Euro mehr aus, bei Schokomousse gilt nämlich: Je hochwertiger die Schokolade, desto besser der Geschmack!

ZUBEREITUNGSZEIT:
ca. 35 Minuten
KÜHLZEIT:
mindestens 5 Stunden

FÜR 6 PERSONEN

MOUSSE
200 g Zartbitterschokolade
50 g Vollmilchschokolade
2 Prisen Meersalz
1 Ei (Gr. M)
2 Eigelb (Gr. M)
optional: 2 EL Baileys
600 ml Schlagsahne
100 g Schoko-Cookies

HIMBEERSAUCE
200 g TK-Himbeeren
3 EL brauner Zucker
1 TL Vanillepaste
Abrieb einer halben kleinen Limette + ein paar Spritzer Limettensaft

Die Schokolade grob hacken und in einem kleinen Topf über einem heißen Wasserbad schmelzen. Das Salz dazugeben und verrühren.
Nun das Ei und die Eigelbe in eine Rührschüssel geben und ebenfalls über dem Wasserbad mit einem Handrührgerät etwa 2–3 Minuten schaumig schlagen.
Die Eimasse vom Wasserbad nehmen und mit der Kuvertüre und ggf. dem Baileys gut vermischen.
Während die Schokoladenmasse abkühlt, die Sahne steif schlagen.
Die Sahne vorsichtig unter die abgekühlte Schokoladenmasse heben.
Die Schoko-Cookies mit der Hand zerbrechen und dazugeben.
Die Mousse in eine rechteckige Form oder direkt in kleine Gläser füllen und über Nacht kaltstellen.
Für die Beerensauce die gefrorenen Himbeeren in einen Topf geben und mit einem kleinen Schuss Wasser köcheln lassen. Den Zucker und die Vanillepaste dazugeben und die Himbeersauce bis zur Hälfte einkochen lassen.
Mit Limettensaft und Abrieb abschmecken und ebenfalls gut auskühlen lassen.
Die Himbeersauce vor dem Servieren über die Mousse geben oder wahlweise dazu reichen.

MAMAS TIRAMISU

Tiramisu mache ich am liebsten ganz klassisch. Löffelbiskuit, ein guter Espresso, etwas Amaretto und ganz viel Mascarpone. Um ein fantastisches Dessert auf den Tisch zu zaubern, muss das Rad nämlich nicht immer neu erfunden werden. Das Rezept habe ich übrigens aus der Sammlung meiner Mama übernommen. Obwohl sie definitiv keine italienischen Wurzeln hat, ist ihr Tiramisu auch nach 20 Jahren (und einigen Italienbesuchen) mein absoluter Favorit! Ob es an der Einfachheit der Zutaten oder vielleicht nur an der extragroßen Portion Liebe liegt, mit der sie es für unsere Geburtstage und Weihnachtsfeste zubereitet hat, kann ich nicht genau sagen. Eigentlich auch egal, es schmeckt auf alle Fälle fantastisch!

ZUBEREITUNGSZEIT:
ca. 35 Minuten
KÜHLZEIT:
mindestens 8 Stunden

FÜR 6 PERSONEN
750 g Mascarpone
75 g Zucker
Mark einer Vanilleschote
6 Eier
8–10 EL Mandellikör
etwa 30–35 Löffelbiskuits
1 Tasse starker Kaffee oder Espresso
dunkles Kakaopulver (Backkakao)

Den Mascarpone mit dem Zucker und dem Vanillemark in eine große Schüssel geben.
Die Eier vorsichtig trennen. Das Eiweiß von 3 Eiern in eine weitere Schüssel geben und mit einem Handrührgerät steif schlagen.
Die Eigelbe und 1 EL Mandellikör zum Mascarpone geben und mit dem Handrührgerät 3–5 Minuten cremig schlagen. Das Eiweiß mit einem Löffel vorsichtig unter die Mascarponecreme heben.
Die Löffelbiskuits in einer geeigneten Auflaufform dicht aneinanderlegen und löffelweise mit Kaffee und dem restlichen Mandellikör tränken.
Die Löffelbiskuitschicht mit einem Drittel der Mascarponecreme bestreichen. Noch zweimal abwechselnd Löffelbiskuits tränken und mit der Creme schichten. Die oberste Schicht sollte dabei aus Mascarponecreme bestehen.
Das Tiramisu mindestens 8 Stunden, am besten aber über Nacht ziehen lassen.
Vor dem Servieren mit reichlich Kakaopulver bestreuen.

Enis Geheimtipp:

Besonders schön sieht das Tiramisu aus, wenn die letzte Schicht Mascarponecreme mit einer großen Lochtülle aufgetragen wird.

WOLKENWEICHER KAISERSCHMARRN

mit Apfel-Zimt-Kompott

Ich liebe Küchenexperimente, aber was Kaiserschmarrn angeht, bin ich Puristin. Am allerbesten schmeckt er mir nämlich ganz klassisch zubereitet, ohne viel Chichi! Und genau deshalb enthält dieses Rezept weder abgefahrene Twists noch irgendwelche exotische Zutaten. Nicht mal Rumrosinen sind drin (die kann ich auf den Tod nicht ausstehen!). Und vermutlich ist er gerade wegen seiner Einfachheit der absolute Renner, egal ob am Frühstückstisch oder als Nachtisch. Obwohl – eine klitzekleine Abweichung vom Original habe ich dann doch: Zum Karamellisieren der fluffigen Stückchen verwende ich statt gewöhnlichem Zucker einen richtig guten Bourbon-Vanillezucker. Mit selbstgemachten Apfel- Zimt-Kompott und einer großen Kugel Walnusseis ein absolutes Wohlfühl-Dessert!

ZUBEREITUNGSZEIT: ca. 30 Minuten
KOCHZEIT: ca. 30 Minuten

FÜR 6 PERSONEN

APFEL-ZIMT-KOMPOTT

1 kg Äpfel
40 g brauner Zucker
1 Päckchen Vanillezucker
2 gestrichene TL Zimt
1 Msp. Muskatnuss
1 Prise Kardamom
1 Prise Piment
1 TL helle Misopaste
Saft und Abrieb einer halben Limette

KAISERSCHMARRN

300 g Mehl
1 TL Salz
4 TL Backpulver
30 g Zucker + 3 EL
2 Päckchen Vanillezucker
400 ml Milch
1 Schuss Mineralwasser
6 Eier (Gr. L)
80 g Butter
Puderzucker zum Bestäuben

Die Äpfel schälen, vom Kerngehäuse befreien und grob würfeln. Zusammen mit dem Zucker, den Gewürzen, dem Miso und 250 ml Wasser in einen Topf geben und unter verschlossenem Deckel bei mittlerer Hitze 15–20 Minuten köcheln.

Das fertige Kompott mit dem Limettensaft und -abrieb abschmecken und nach Belieben mit einem Stabmixer grobstückig pürieren. In ein sauberes Glas füllen und verschließen oder direkt servieren.

Das Mehl, das Salz, das Backpulver, 30 g Zucker und den Vanillezucker in einer großen Schüssel vermischen und die Milch sowie das Mineralwasser mit einem Schneebesen einrühren. Die Eier einzeln unterrühren.

Die Butter in einer großen Pfanne zerlassen und die Teigmasse eingießen. Den Teig goldbraun auf mittlerer Hitze unter geschlossenem Deckel goldbraun backen. Die an der Oberfläche noch teigige Masse vierteln und wenden.

Die Hälfte des restlichen Zuckers auf die Kaiserschmarrn Stücke streuen und anschließend wenden. Den Kaiserschmarrn mit der anderen Hälfte des Zuckers bestreuen und mit 2 Kochlöffeln ca. 1 × 1 cm Stücke abstechen und durchschwenken.

Den fertigen Kaiserschmarrn aus der Pfanne nehmen und mit reichlich Puderzucker bestäuben.

MANGO-BAISER-TRIFLE

Die Gäste stehen gefühlt schon vor der Tür, ihr seid aber immer noch auf der Suche nach einem schnellen und köstlichen Last-Minute-Dessert? Dann ist dieser Traum aus Mango, zitroniger Sahnequarkcreme und klitzekleinen Baiser-Tröpfchen genau das Richtige! Die Creme und die Himbeeren bereite ich schon vor dem Eintreffen der Gäste zu, das Anrichten hebe ich mir allerdings bis ganz zum Schluss auf! So bleibt das Baiser nämlich schön knackig! In Gläschen geschichtet, sehen die kleinen Trifles besonders hübsch aus.

ZUBEREITUNGSZEIT:
15 Minuten

FÜR 6 PERSONEN
750 g Sahnequark
8 EL Puderzucker
2 Päckchen Vanillezucker
200 g Sahne
2 mittelgroße reife Mangos
1 EL Limettensaft
100 g Baiser-Tröpfchen
Minze zur Dekoration

Den Quark mit 5 EL Puderzucker und dem Vanillezucker in einer Schüssel cremig rühren. Die Sahne steif schlagen und mit einem Schneebesen vorsichtig unterheben.
Die Mangos schälen, das Fruchtfleisch vom Stein entfernen und grob würfeln. Die Mangowürfel in einen hohen Becher geben und mit 3 EL Puderzucker sowie einem Spritzer Limettensaft mit einem Stabmixer fein pürieren. Das Mangopüree und die Quarkcreme bis zum Servieren kalt stellen. Zum Anrichten die Quarkcreme mit dem Mangopüree und den Baiser-Tröpfchen abwechselnd in Gläser schichten und mit Baiser sowie Minze dekorieren.

ZITRONIGE TOPFENPALATSCHINKEN

aus dem Ofen

Die ungarische Küche ist neben Gulasch & Co. vor allem für ihre Mehlspeisen bekannt! Als Kind wusste ich das besonders zu schätzen, denn so gab es bei uns oft mehrmals pro Woche Pfannkuchen! Am meisten habe ich mich über Topfenpalatschinken gefreut: Buttrige Pfannkuchen mit einer unwiderstehlich leckeren Creme aus Quark, Puderzucker und ganz viel Zitronenabrieb werden dafür in eine Auflaufform geschichtet und zum krönenden Abschluss kurz mit einem Vanille-Sahneguss gratiniert. Die Palatschinken können übrigens schon 1–2 Tage vorher vorbereitet und gefüllt werden. So muss man sie vor dem Dessert nur noch kurz gratinieren!

ZUBEREITUNGSZEIT:
ca. 35 Minuten
BACKZEIT:
30 Minuten

FÜR 6 PERSONEN

PFANNKUCHEN
250 g Mehl
30 g Zucker
500 ml Milch
5 frische Eier (Gr. M)
35 g geschmolzene Butter
+ mehr zum Ausbacken
1 Schuss Mineralwasser (etwa 3 EL)
1 Prise Salz

FÜLLUNG
2 Eier
300 g Quark
50 g Puderzucker
1 Päckchen Vanillezucker
Abrieb und etwas Saft einer kleinen Zitrone
1 Prise Salz

GUSS
200 ml Sahne
30 g Puderzucker
1 Päckchen Vanillezucker
2 Eigelb

Für die Pfannkuchen das Mehl, den Zucker, die Milch, die Eier, die geschmolzene Butter, das Mineralwasser und etwas Salz in einer Schüssel zu einem Teig verrühren und ca. 30 Minuten quellen lassen.
Die Butter zum Ausbacken in einer Pfanne schmelzen und jeweils 1 Schöpfkelle Pfannkuchenteig darin von beiden Seiten goldgelb backen. Diesen Vorgang so oft wiederholen, bis kein Teig mehr vorhanden ist.
Den Backofen auf 170 °C Ober-/Unterhitze vorheizen.
Für die Füllung die Eier trennen. In einer Schüssel den Quark mit dem Puderzucker, dem Vanillezucker und den Eigelben cremig rühren und mit etwas Zitronensaft und -schale abschmecken.
Die 2 Eiweiße mit einer Prise Salz steifschlagen und unter die Quarkmasse heben. Die Füllung in die Mitte der Pfannkuchen geben, diese eng aufrollen und in eine gefettete Backform schichten.
Für den Guss die Sahne, den Puderzucker, den Vanillezucker und die Eigelbe miteinander verrühren, über die Pfannkuchen gießen und ca. 30 Minuten backen.

HERZLICH
WILLKOMMEN

WILLKOMMEN AN DER BAR

Ob ihr's glaubt oder nicht, dieser Teil des Buches, das Kapitel mit Cocktails und Getränken, war für mich tatsächlich die größte Herausforderung. Für Leute, die mich gut kennen und wissen, dass ich einem ordentlichen Drink (oder auch zwei) niemals abgeneigt bin, klingt das vermutlich wie ein Witz, aber die Wahrheit ist, dass sich meine Fähigkeiten in diesem Bereich tatsächlich auf die Auswahl von guten Weinen beschränken. Obwohl: Einen guten Gin Tonic bekomme ich sicherlich auch noch hin. Aber zu behaupten, dass ich ein besonderes Händchen für ausgefallene Cocktails habe, wäre dann doch etwas übertrieben. Wenn wir Freunde zum Essen einladen, überlasse ich das Mixen der Drinks daher kurzerhand jemand anderem. Jemanden, dem es Freude bereitet, denn mal ganz ehrlich: Ich liebe es zwar, meinen Gästen einen tollen Abend zu bereiten, aber übernehmen möchte ich mich deswegen trotzdem nicht.

Und genauso soll es im Grunde auch sein: Jeder macht das, was er am besten kann, und am Ende sind alle zufrieden. Vielleicht bekommen meine Freunde in diesem Leben keinen Long Island Ice Tea mehr von mir gemixt, dafür wissen alle, dass bei uns immer ein guter Wein auf den Tisch kommt und dass der Gin-Vorrat nur in äußersten Ausnahmefällen zur Neige geht. Könnte schlimmer sein, oder nicht?

Ich hoffe, ihr verzeiht mir also, dass ich dieses Kapitel eher minimalistisch gehalten habe! (Nur den White Russian mit der halbsteif geschlagenen Sahne, den konnte ich mir nicht verkneifen!) Dafür sind die meisten Drinks sehr unkompliziert herzustellen und benötigen wirklich nur ganz gewöhnliche Zutaten, die man auch schnell mal im Laden um die Ecke bekommt.

Übrigens müssen es nicht immer Cocktails, Prosecco & Co sein. Eine selbstgemachte Limonade oder ein leckerer Eistee, serviert in einem großen Bowle-Gefäß, ist eine tolle alkoholfreie Alternative.

Auch aromatisiertes Wasser, angereichert mit Kräutern, Ingwer, Beeren oder anderen Früchten, ist ein echter Hingucker und schmeckt um Klassen besser als schnödes Mineralwasser aus der Flasche.

GRANATAPFEL-GIN-SECCO

Ein einfacher und spritziger Aperitif und der perfekte Auftakt für ein orientalisches Essen! Wer es eher herb mag, lässt den Sirup einfach weg und serviert den Secco nur mit Granatapfelkernen!

ZUBEREITUNGSZEIT:
ca. 5 Minuten

FÜR 1 GLAS
2 cl Gin
1 cl Grenadine
etwas Limettensaft
Eiswürfel
kalter Sekt oder Champagner zum Auffüllen
1 EL Granatapfelkerne
etwas Minze

Den Gin zusammen mit der Grenadine, dem Limettensaft und den Eiswürfeln in einen Cocktail-Shaker geben und gut durchschütteln.
In Sektgläser abseihen und mit jeweils 100 ml Sekt oder Champagner auffüllen.
Mit jeweils 1 EL Granatapfelkernen und etwas Minze servieren.

LILLET-RHABARBER-SPRITZ

Still und heimlich hat das Trendgetränk Lillet Wild Berry den Aperol Spritz von Platz eins meiner Lieblingsgetränk-Liste verdrängt. Diese Rhabarber-Version des beerigen Klassikers braucht sich allerdings auch nicht zu verstecken!

ZUBEREITUNGSZEIT:
ca. 5 Minuten

FÜR 1 GLAS
Eiswürfel
40 ml Lillet
50 ml Rhabarbersaft
etwas Limettensaft
Prosecco zum Auffüllen
etwas Minze
gefrorene Beeren
1 Limettenschnitz

Ein Weinglas mit 4–5 Eiswürfeln befüllen.
Den Lillet, den Rhabarbersaft sowie einen Spritzer Limettensaft dazugeben und mit Prosecco auffüllen.
Ein paar Stängel Minze, 1 EL gefrorene Beeren und einen Limettenschnitz in das Glas geben und mit einem Strohhalm servieren. Ein Foto findet ihr auf Seite 188.

WHITE RUSSIAN

Cremig, kaffeeig und einfach nur köstlich! Den Klassiker unter den Cocktails serviere ich am liebsten zum Dessert (oder manchmal auch einfach stattdessen).

ZUBEREITUNGSZEIT:
ca. 10 Minuten

FÜR 1 GLAS
30 ml Sahne
Eiswürfel
30 ml Wodka
30 ml Kahlúa

Die Sahne mit einem Rührgerät halbsteif schlagen und in das Glas geben.
Etwas Eis in einen Cocktail-Shaker füllen. Den Wodka sowie den Kahlúa dazugeben. Alles gut schütteln und in die vorbereiteten Gläser mit der Sahne geben.

STEPHANS CASSIS-COOLER

Stephan und seine Kollegen lernte ich auf einer feuchtfröhlichen Bahnfahrt nach Berlin kennen. Nach ein paar Gläsern Vino aus dem Weinschlauch und selbstgemachtem Eierlikör verriet er mir das Rezept für diesen leckeren Drink! Zuhause habe ich ihn sofort ausprobiert und für unglaublich lecker befunden!

ZUBEREITUNGSZEIT:
ca. 5 Minuten

FÜR 1 GLAS
Eiswürfel
40 ml Lillet
30 ml Johannisbeernektar
2 cl Gin
50 ml Schweppes Lemon & Mint
1 EL gefrorene Johanisbeeren
1 Limettenschnitz

Ein Weinglas mit jeweils 4–5 Eiswürfeln befüllen.
Den Lillet, den Johannisbeernektar und den Gin dazugeben.
Mit Schweppes Lemon & Mint auffüllen.
1 EL gefrorene Johannisbeeren und einen Limettenschnitz in das Glas geben und mit einem Strohhalm servieren.

VIRGIN GINGER PASSIONFRUIT CAIPI

Tropisch, fruchtig und ganz ohne Umdrehungen kommt diese spritzige Variante des Caipirinhas daher und begeistert regelmäßig große, aber auch kleine Gäste auf meinen Partys!

ZUBEREITUNGSZEIT:
ca. 5 Minuten

FÜR 1 GLAS
1 Bund Minze
1 Limette
1 gehäufter EL brauner Zucker
Crushed Ice
2 cl Maracujasaft
Ginger Ale zum Auffüllen (etwa 180 ml)
Eiswürfel

Die Minze und die Limette kurz waschen und trockentupfen.
Die Limette mit der flachen Hand kurz hin und her rollen und vierteln.
Die Limettenschnitze in ein Caipirinha-Glas geben, mit 1 EL braunem Zucker bestreuen und die Limetten mit einem Holzstößel gut ausdrücken.
Das Glas bis zur Hälfte mit Crushed Ice füllen und mit jeweils 2 cl Maracujasaft und etwa 180 ml Ginger Ale auffüllen.
Wer es fruchtiger mag, kann noch mehr Maracujasaft hinzugeben.

HOLUNDERBLÜTEN-ROSÉ-BOWLE

Bowle ... hach ja, ich liebe Bowle! Sie ist auch für größere Runden toll vorzubereiten und kommt immer gut an! Diese hier ist eine meiner absoluten Lieblinge: beerig, blumig und so schön rosa!

ZUBEREITUNGSZEIT:
ca. 10 Minuten

FÜR 1,5 L
2 Limetten
1 Zitrone
1 Flasche kalter Roséwein
3 EL Holunderblütensirup
8 Stängel Minze
Eiswürfel
Sodawasser zum Auffüllen
optional: 4 cl Gin

Die Limetten und die Zitrone kurz mit heißem Wasser abbrausen.
Die Zitrone sowie eine der beiden Limetten in dünne Scheiben schneiden, die zweite Limette auspressen.
Den Rosé, den Limettensaft, den Sirup, die Zitronen- und Limettenscheiben sowie die Minze in ein Bowlegefäß oder einen Limonadenspender füllen. Die Eiswürfel dazugeben, kurz verrühren und mit Sodawasser auffüllen. Wer mag, kann auch noch Gin hinzufügen.

ROOIBOS-EISTEE

Ob für heiße Tage oder lange Nächte – dieser Eistee schmeckt einfach nur lecker! Mit Ginger Ale und etwas Wodka kann er übrigens auch ruckizucki zum Cocktail umfunktioniert werden.

ZUBEREITUNGSZEIT:
ca. 25 Minuten
KÜHLZEIT:
mindestens 5 Stunden

FÜR 1 L

½ Bund Minze
2 Orangen
1 Limette
3 Beutel Rooibostee Karamell oder Vanille
4 EL brauner Zucker
6 EL Holunderblütensirup
etwas Agavendicksaft nach Geschmack
Eiswürfel, Minze und Orangenscheiben zum Servieren

Die Minze, die Orangen und die Limette waschen und trockentupfen.
Eine der Orangen in Scheiben schneiden, die andere auspressen und die Schale mit einem Sparschäler vorsichtig abziehen.
Die Limette ebenfalls auspressen.
1 l Wasser für den Tee aufkochen. Die Teebeutel in einer großen Kanne mit dem Wasser übergießen und 10 Minuten ziehen lassen.
Den Zucker, die Minze, den Orangen- und Zitronensaft sowie die Orangenscheiben hinzugeben und den Tee bei Zimmertemperatur auskühlen lassen. Im Anschluss mehrere Stunden im Kühlschrank ziehen lassen.
Vor dem Servieren die Minze herausnehmen und den Sirup einrühren. Wer den Tee nicht süß genug findet, kann noch etwas Agavendicksaft dazugeben.
Mit Eiswürfeln, etwas Minze und Orangenscheiben servieren.
Den Eistee aufgrund der langen Ziehzeit am besten bereits am Vortag zubereiten.

MENÜFINDER

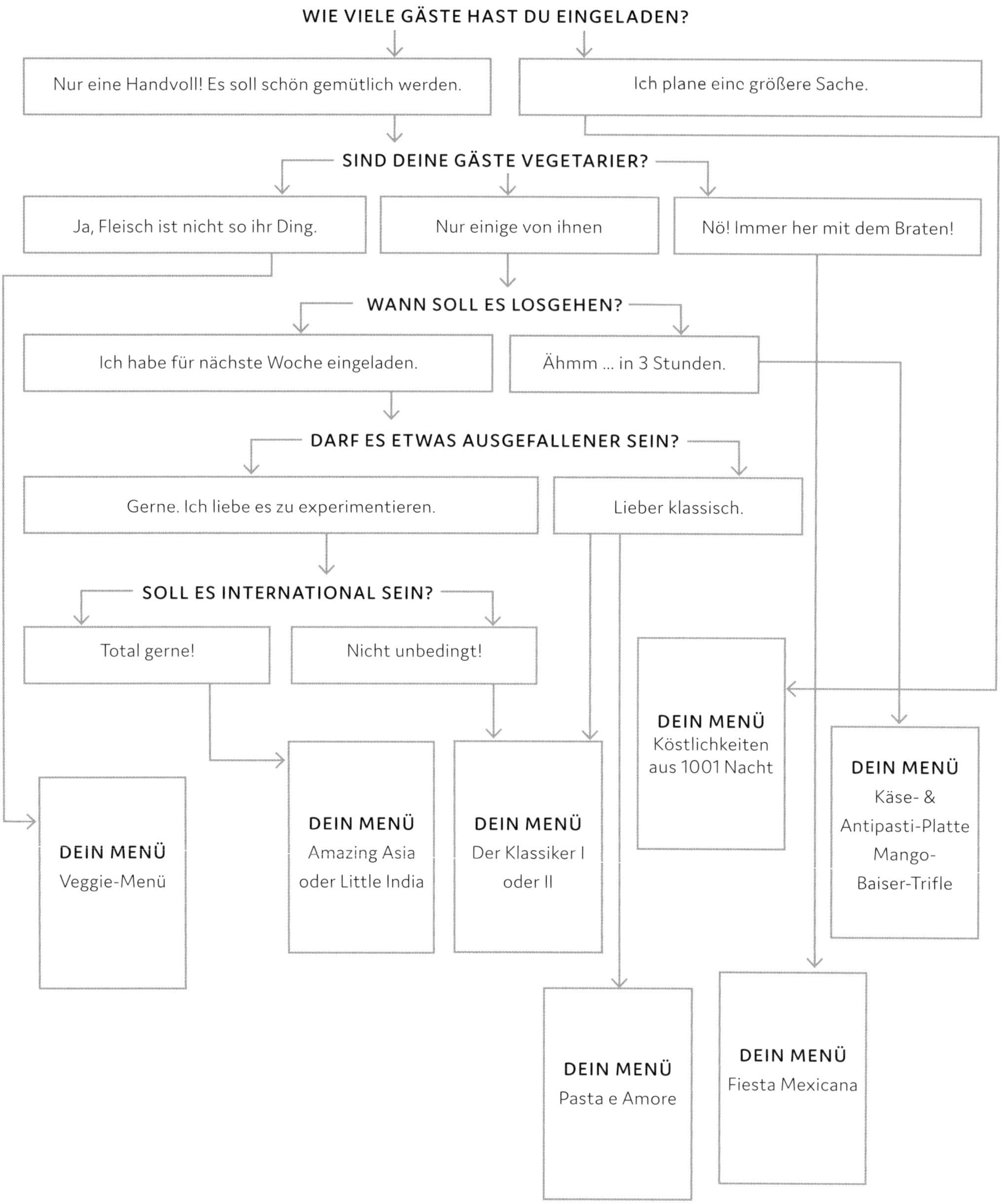
WIE VIELE GÄSTE HAST DU EINGELADEN?
Nur eine Handvoll! Es soll schön gemütlich werden.
Ich plane eine größere Sache.
SIND DEINE GÄSTE VEGETARIER?
Ja, Fleisch ist nicht so ihr Ding.
Nur einige von ihnen
Nö! Immer her mit dem Braten!
WANN SOLL ES LOSGEHEN?
Ich habe für nächste Woche eingeladen.
Ähmm ... in 3 Stunden.
DARF ES ETWAS AUSGEFALLENER SEIN?
Gerne. Ich liebe es zu experimentieren.
Lieber klassisch.
SOLL ES INTERNATIONAL SEIN?
Total gerne!
Nicht unbedingt!
DEIN MENÜ Köstlichkeiten aus 1001 Nacht
DEIN MENÜ Käse- & Antipasti-Platte Mango-Baiser-Trifle
DEIN MENÜ Veggie-Menü
DEIN MENÜ Amazing Asia oder Little India
DEIN MENÜ Der Klassiker I oder II
DEIN MENÜ Pasta e Amore
DEIN MENÜ Fiesta Mexicana

DIE MENÜS

Köstlichkeiten aus 1001 Nacht

Dreierlei Hummus
Aprikosen-Pistazien-Taboulé
Börek-Zigarren mit Baba Ganoush und Muhamarra
Gebackener Feta mit Honig, Granatapfel, Pistazien und Gremolata
Marokkanischer Kefta-Eintopf mit Aprikosen, Zimt und weißen Bohnen (Vegetarier können statt Hackbällchen Gemüse für den Eintopf verwenden.)
Knoblauch-Naanbrot
Mango-Baiser-Trifle

Fiesta Mexikana

Loaded Nachos mit Guacamole, Salsa und Queso
Enchiladas Verdes mit Nacho-Bacon-Crunch
Pulled-Beef-Chili
Mexikanischer Reis
Superschokoladige Choc-Chip-Cookie-Mousse

Pasta e Amore

Einfache Tomaten-Bruschetta
Spaghetti mit Mozzarella-Pesto-Hackbällchen und Gremolata
Feurige Caponata mit Büffelmozzarella
Mamas Tiramisu

Der Klassiker I

Cremiger Chicken-Cheese-Pot-Pie
Einfaches Kartoffelpüree mit Knoblauchbutter und Parmesan
Grüne Bohnen mit Bacon und Karamellbutter
Himmlischer Beeren-Crumble mit Marzipanstreuseln

Der Klassiker II

Gorgonzola-Rouladen mit Aprikosensenf, Serrano-Schinken und Pinienkernen
Weltbestes Süßkartoffelpüree oder extra käsiges Kartoffelgratin mit Äpfeln und Rosmarin
Karamellisierte Pilze mit Thymian, Zitrone und Knoblauch
Brownie-Kuchen mit Himbeeren und Amarettini

Veggie-Menü

Schnelle Birnen-Brie-Crostini oder Panzanella mit Parmaschinken und Burrata (ohne Parmaschinken)
Ofen-Risotto mit knusprigem Orangen-Fenchel und Pangrattato oder Pasta mit Honig-Salbeibutter, Pinienkernen und Ziegenkäse
Cremige Nougat-Panna-cotta

Little India

Fruchtiges Linsencurry mit Minz-Raita
Koriander-Sesam-Reis
Knoblauch-Naanbrot
Kardamom-Carrot-Cake mit Zimtcreme

Amazing Asia

Reisnudelsalat mit Erdnussdip und Mango
Drunken Thai-Curry
Miso-Lachs mit Koriander-Gremolata und Sesam
Koriander-Sesam-Reis

DANKE

Dieses Buch zu schreiben war seit Jahren mein Herzenswunsch, die Umsetzung hingegen eine meiner größten Herausforderungen bisher. Eine Herausforderung, welche ich ohne die Unterstützung von vielen lieben Menschen vermutlich nie geschafft hätte.
Mein großer Dank gilt den vielen tollen Menschen, die meinen Blog und meinen Instagram-Account verfolgen und mich mit ihrem lieben Feedback und ihrem Interesse immer wieder darin bestärken, den richtigen Weg eingeschlagen zu haben. Ohne euch wäre mein Traum von einem eigenen Kochbuch nur das – ein Traum.
Danke an meine wundervolle, chaotische Familie, allen voran meine Kinder: Meinen süßen, klugen, fantastischen Max, meine wunderschöne, freche, witzige Matilda und meinen kleinen Sonnenschein Leo, die mir trotz aller Selbstzweifel täglich das Gefühl geben, alles richtig zu machen.
Danke an meinen tollen Mann Robert, der in den letzten Monaten nicht nur meine Launen, sondern auch den ganzen Stress und das Chaos in unserer Wohnung ertragen hat. Der bei fast jedem Essen geduldig wartet, bis ich das perfekte Foto im Kasten habe, und der mich immer wieder herausfordert, härter an mir zu arbeiten. Du bist mein bester Freund und mein ehrlichster (und konstruktivster) Kritiker! Ohne dich wäre dieses Buch nicht möglich gewesen.
Danke an meine liebe Mama und ganz besonders an Oma Magda und Oma Irenke, die in mir nicht nur die Liebe zum Kochen geweckt haben, sondern die mir beigebracht haben, dass Kochen Liebe ist und Menschen zusammenbringen kann. Tausend Dank auch an meinen Papa, der mir immer aus der Klemme hilft!
Mein allergrößter Dank gilt meinen wundervollen Freundinnen: Steffi, Moni, Denise, Ljubi und Lydia – für eure unglaubliche Unterstützung, eure Begeisterung, euer offenes Ohr und eure aufbauenden Worte. Ich kann gar nicht zählen, wie oft ihr mir Mut zugesprochen habt, wenn ich am liebsten das Handtuch geworfen hätte. Ihr habt immer und zu jedem Zeitpunkt an mich geglaubt, euch für und vor allem mit mir gefreut, und es war eure Freundschaft, die mich zu genau diesem Thema inspiriert hat. Es ist so schön, dass es euch gibt! Dieses Buch ist für euch!
Danke an Emma, Mia, Nadine, Tina, Stephanie, die mich alle auf ihre ganz eigene Art immer wieder bestärkt haben!
Und schließlich: Danke an meine fantastische Lektorin Janina, die meine Vision von Anfang verstanden und geteilt hat und mir die Freiheit gegeben hat, dieses Buch wirklich und wahrhaftig zu meinem zu machen.

Eure Eni

REGISTER

ÜBER DIE AUTORIN

Enikö Gruber, die, seitdem sie denken kann, Eni genannt wird, lebt mit ihrem Mann und ihren drei Kindern in der Nähe von Stuttgart. Ihre Zeit verbringt sie am liebsten in ihrer kleinen Küche beim Kochen, Backen und Fotografieren. Aus dieser Leidenschaft entstand 2017 ihr Food-Blog „No Taste Like Home", auf dem sie für ihre Leser Wohlfühlgerichte aus aller Welt kreiert.
Auf Instagram findet man sie unter „enieatspretty". Am liebsten teilt die gebürtige Ungarin ihre Leckereien in gemütlicher Runde mit Freunden und Familie.

Hier findet ihr Vorlagen
für Einladungen und Menükarten: